Histoires insolites du Château de Versailles

Charles d'Astres

Histoires insolites du Château de Versailles

ÉDITIONS FRANCE LOISIRS

Édition du Club France Loisirs,
avec l'autorisation de City Éditions

Éditions France Loisirs,
123, boulevard de Grenelle, Paris.
www.franceloisirs.com

ISBN : 978-2-298-06880-1

En guise d'introduction 13
Les fantômes de Trianon 17
À vendre 19
Louis-Philippe sauve les meubles 21
Le Bernin à Versailles 23
L'étrange Comte de Saint-Germain 25
Tout un symbole 29
Le scandale du collier de la Reine 30
Louis XIV, « SCF » (sans château fixe !) 34
Coureur de vin 36
Une école de jeunes filles dirigée
par « l'abbesse universelle » 37
L'ami des bêtes 41
Portrait de Louis XIV en poires 42
La curiosité est un joli défaut 44
Il y a le feu sur le Grand Canal 45
Laisse les gondoles à Venise 48
Fontaines allumées, roi en sa maisonnée 51
Mémoires d'une femme de chambre 52
Y a pas de petites économies 55
Bougies pour tout le monde 56
Magies de l'eau de fleur d'oranger 58
La machine de Marly 59
Des chèvres, des huîtres et une rage de dents 61
Scions, scions, scions du bois 63
Toc toc toc ? 65

Ce soir, il y a « appartement » ... 66
Le miroir ardent de Louis XIV ... 68
Versailles sacre la révolution ... 69
Le serment du jeu de paume maçonnique ... 75
Rockefeller fait du vélo dans le jardin de Versailles ... 78
La Reine Victoria à Versailles ... 80
Parquet Versailles ... 82
Dans les cous lisses du parc-aux-Cerfs ... 83
Les sots de l'office ... 85
L'institut des aveugles de Valentin Haüy ... 85
On parle de la Galerie des Glaces dans le *Mercure galant* de 1682 ! ... 87
Le courant passe ... 90
Doge de Gênes à Versailles ... 92
Au feu les… charpentiers ! ... 93
Dans la « privance » du roi ... 94
La Montespan aux cochons et aux chiens ... 97
Drôle de binette ... 99
Des bardaches et des tribades au château ... 102
Qu'on le garde, mais qu'on ne le tue pas ... 106
Qui est Thétis ? ... 107
Chapeau bas ... 112
La montre de Marie-Antoinette dans son tulipier ... 115
Compte rendu de chantier à Trianon ... 117
La joueuse de tympanon ... 120
Lully, l'ancien domestique, ambitieux père de l'opéra français ... 121
L'art de plaire à la cour ... 126
Un bleu suicidaire ... 127
Un rhinocéros à Versailles ... 128

On ne peut pas plaire à tout le monde 130
Poème sur le café à Versailles 131
Lost in Versailles 132
Un homme plein de perspectives 133
Les derniers mots de Louis XIV 136
Il faut périr en symétrie 137
Le cuisinier roïal et bourgeois 138
Que la fête commence ! 140
François-Dominique Séraphin, à l'ombre du roi 144
Hep ! taxi ! 146
Portrait d'une dame d'honneur 147
Bande de petits galopins 153
Audience à l'ambassadeur du Maroc à Versailles, en 1699 156
Versailles, un château sale ? 159
Béchameil, pas qu'une sauce ! 161
Latone, un bassin peut en cacher un autre… 162
Léonard, coiffeur pour dames 163
Versailles-sur-Siam 165
Un beau palais à l'abandon 169
Une journée avec Marie-Antoinette 174
Sortez les chaufferettes ! 176
La serrure à secret du roi serrurier 178
Même les arbres dansent à Versailles 182
La Perse à Versailles 184
Mademoiselle de la Vallière, un cœur simple 185
La cour… des animaux 186
Panique au château 188
Le roi découche 190
Pas un, pas deux, mais trois traités de Versailles ! 192

Liste des injures, insultes et autres noms d'oiseaux à la cour 194
La grosse mignonne, le téton de Vénus et le précoce de bagnolet 195
Un guide peu ordinaire 197
Effet pots d'oranges 202
Bac à glaçons géants 203
Talons rouges 204
Avec les doigts 205
Un mouton, un canard et un coq s'envoient en l'air 206
La galerie des Glaces peut nuire à la santé 208
Si Versailles m'était conté 209
Avoir le tabouret 211
Le bon appétit de Louis XIV 213
Le mariage secret du roi 219
Le grand Mogol 221
Les petits-pois de Louis XIV 223
Dieu sauve le roi ! 224
Pas de quoi s'ennuyer 225
Madame Bécu a de la ressource ! 226
La cuisine comme art de séduction massive 230
Silence, ça pousse ! 233
Selon les premiers éléments ce l'enquête 245
Versailles ne s'est pas fait en un jour ! 246
Jules Hardouin-Mansart, un sacré architecte 248
La minute de poésie versaillaise 250
Marie-Antoinette et sa laiterie 254
Malbrough s'en va-t-en guerre 256
Disneyland à Versailles 258
La promenade de Versailles de Madeleine de Scudéry 260

Un buffet très apprécié 262
Les enfants de Mars 264
Recette du chocolat comme à Versailles 265
Jeu de bagues chinois 266
Fonds de tiroir 267
Le bain de Marie-Antoinette 268
Le roi a fait battre tambour 269
Les parfums de Jean-Louis Fargeon 271
Rester jeune à Versailles (et ailleurs) 273
Liste des maîtresses (et amants !) de Marie-Antoinette 275
Chronologie 277
Bibliographie sommaire sur Versailles 285
Quelques sites Internet et articles 285

En guise d'introduction

Saviez-vous que Louis XIV n'aimait rien tant que les petits-pois de son potager à Versailles ? Qu'on se promenait en gondole sur le Grand Canal ? Que la première « montgolfière » s'envola des jardins du château ? Qu'un rhinocéros avait élu domicile dans la Ménagerie ? Que l'ancêtre des réfrigérateurs se trouvait au Petit Trianon ? Que Louis XIV avait créé un vrai guide de promenade pour visiter Versailles ? Que le peintre génial du plafond du salon d'Hercule s'était suicidé juste après avoir fini son œuvre ? Que des chèvres trottaient dans les couloirs du château pour qu'on puisse avoir du lait frais destiné à satisfaire les filles chéries de Louis XV ? Et que ce roi « bien aimé » faisait des blagues à ses amis en sautant par le balcon ? Que la « Grosse Mignonne » est une variété de pêche qu'affectionnait particulièrement Louis XIV ? Qu'on écrivait des avis de décès longs comme le bras ? Qu'une statue du Bernin avait été refusée par Louis XIV lui-même ? Qu'on peut reproduire la recette du chocolat préféré des rois à Versailles ? Que la chanson *Malbrough s'en va-t-en guerre* était la comptine fétiche des enfants de Marie-Antoinette lorsqu'ils étaient en promenade au hameau de la Reine ? Que Louis XVI adorait faire de la serrurerie dans son petit atelier sous les combles du château ?

Quelle histoire passionnante que celle de ce château et ce domaine ! Tout commence avec Henri IV (1553-1610), qui emmène ses enfants s'y promener (!), notamment à l'occasion de parties de chasse. Est-ce là qu'ils goûtent au plaisir de ce charmant val un peu marécageux ?

Louis XIII (1601-1643) s'y fera construire une petite bicoque, car il ne veut pas rester à l'auberge. Ce pavillon de chasse, sis au sommet d'une butte, ne cessera dès lors d'être amélioré, construit, reconstruit, abandonné, pour être aujourd'hui le quatrième site le plus visité de France, derrière Disneyland, le musée du Louvre et la tour Eiffel. Sous Louis XIII, le pavillon est en brique et pierre, les toitures sont en ardoise et dotées de lucarnes.

En 1631, le site revient au roi, et c'est à partir de 1661 que les travaux monumentaux de Louis XIV (1638-1715) sont entrepris. Apparaissent les appartements du Roi et de la Reine, les jardins ordonnancés par Le Nôtre, sans oublier la Ménagerie, l'Orangerie, etc. La Cour royale est fermée par une grille. Le Vau (1612-1670) entreprend les premiers travaux à partir du pavillon de Louis XIII et « enveloppe » ses murs dans une construction plus grande. Jules Hardouin-Mansart poursuivra le travail de son prédécesseur, notamment en y adjoignant la fameuse galerie des Glaces, côté jardin, avec sa façade en pierres. Cette façade est un exemple architectural classique, notamment avec ses fenêtres monumentales du premier étage, dit « noble », qui accueillent et éclairent la galerie des Glaces et les Appartements royaux. On trouve pilastres, corniche, chapiteaux, puis au-dessus l'attique, la balustrade (qui cache les toits, caractéristique de ce style) et les trophées d'armes au sommet. Sans oublier les nombreux symboles empruntés à la mythologie. Un exemple du genre ! Viendront ensuite s'ajouter d'autres ailes et bâtiments pour recevoir aisément la cour, comme la Grande et la Petite Écurie (les chevaux des cavaliers dans la première, les chevaux destinés aux travaux dans la seconde), ainsi que les lieux affectés à la préparation des repas, dans le Grand Commun, et enfin la Chapelle royale.

Sous Louis XV (1710-1774), à l'occasion du mariage du futur Louis XVI (1754-1793), on inaugure la salle de l'Opéra. Après la Révolution française, il faut attendre Louis-Philippe, et la restauration du château, mais surtout sa réhabilitation en Musée de l'histoire de France, dédié à « toutes les gloires de la France ». Aujourd'hui, Versailles est classé au Patrimoine mondial de l'UNESCO.

En chiffres, le château, qui a reçu 10 millions de visiteurs pour l'ensemble, compte 67 escaliers, plus de 2000 fenêtres, près de 1000 mètres carrés de peintures dans la galerie des Glaces, 1600 fontaines à l'époque de Louis XIV (55 aujourd'hui), tout cela sur un domaine de plus de 800 hectares de terrain !

Bonnes balades à Versailles, à travers cette histoire vagabonde et insolite des lieux et des hommes qui l'ont faite et la font encore aujourd'hui. Pour notre plus grand plaisir !

Les fantômes de Trianon

Nous voici en 1901, à Versailles, deux amies anglaises se retrouvent dans la capitale française. L'une, Charlotte Anne Moberly (1846-1937) vit en Angleterre, comme directrice de collège à Oxford, l'autre, Eleanor Frances Jourdain (1863-1924), à Paris, comme professeur. La première est venue demander à la deuxième de rentrer en Angleterre pour la seconder. En attendant, les voici toutes deux en balade à Versailles. Elles veulent voir le Petit Trianon. Le temps est à l'orage, il fait chaud, c'est le cœur de l'été. Les deux amies, sans se le dire, se sentent progressivement mal à l'aise. Deux hommes leur indiquent le chemin ; ils ont de grands manteaux et un tricorne. Tiens, étrange, comme tenue en plein été. Plus loin, c'est une mère et sa fille, dans une petite maison, toujours habillées de façon un peu vieillotte.

Les deux amies anglaises parviennent au Jeu de bague et aperçoivent un homme, pas bien frais, au visage tout grêlé, qui les regarde fixement. Elles prennent peur. À cet instant, un autre homme, avec des boucles, sous un grand chapeau et une cape, plutôt élégant, prononce des mots qu'elles ne comprennent pas. « Mesdames ! Mesdames ! Il ne faut point passer par là ! Par ici ! Cherchez la maison ! » Certes. Mais que se passe-t-il ? Plus loin, une femme assise sur le sol dessine avec un chapeau. Puis un homme les accueille, comme chez lui, et les invite à visiter le Petit Trianon où se tient une fête… Plutôt étrange comme situation, non ? Cette expérience est l'une des premières aventures paranormales liées à Versailles. La qualité et la renommée des jeunes femmes, des universitaires, n'invitent pourtant pas à croire qu'il s'agit là de sornettes ou fichaises.

Quelques jours plus tard, les deux amies analysent la situation. L'une a vu Marie-Antoinette (1755-1793) assise sur le sol, dessinant. L'autre a vu la petite fille dans la maison. Les deux premiers hommes portaient en fait les tenues des gardes-suisses. Et l'homme au visage grêlé ne serait autre que le comte de Vaudreuil, qui joua dans cette tenue au Petit Trianon *Le Barbier de Séville*. Re-certes.

Les deux amies reviennent l'année suivante sur les lieux. Beaucoup de choses ont changé. La petite musique qu'elles avaient en tête n'est plus la même, une petite musique qui sonnait tellement fin XVIIIe… Bref, les deux amies anglaises estiment avoir été… « télétransportées » dans le temps ! « Nous eûmes l'étrange illusion de marcher dans un rêve. Les arbres, les feuilles, le paysage ne nous parurent plus naturels ; tout prit l'aspect rigide et figé d'une tapisserie », dira l'une des deux jeunes femmes.

Elles font de multiples recherches, travaillent avec les psychologues, psychiatres, interrogent les historiens. Même Albert Einstein, le pape de la relativité, s'en mêle… Les deux universitaires sortent un ouvrage à ce sujet : *An Adventure (Une aventure)*. Beau succès de librairie, il sera réédité plusieurs fois. Quoi qu'il en soit, leur cas intrigue. Mais beaucoup de personnes critiquent aussi cette sorte d'apparition. La température était élevée ce jour-là, l'ambiance, orageuse, et plusieurs incohérences dans leurs écrits soulignent l'inexactitude de leurs propos… Demeure l'esprit de Marie-Antoinette, qui continue d'intriguer et d'inspirer les visiteurs des lieux !

À vendre

On a du mal croire que Versailles n'était autrefois qu'une petite cabane pour héberger le roi Louis XIII et ses amis chasseurs ! En effet, à l'origine, Versailles n'était qu'un pavillon de chasse, l'occasion pour Louis XIII de passer une nuit alors qu'il s'exerçait à l'art cynégétique dans les parages, en sortant du Louvre ou de Saint-Germain-en-Laye. Rien de plus. Il y fait sa première chasse alors qu'il n'a que six ans. Puis il y fait ajouter quelques bâtisses, toujours très modestes. On dénomme alors l'endroit le « château de cartes », sans grande valeur particulière, mais aussi en raison de son côté très bigarré, avec ses briques rouges, ses ardoises noires et sa pierre blanche. On dit même qu'un moulin se dressait à l'endroit de l'actuel château. « Le vendeur de farine avait pour habitude/D'y vivre au jour le jour, exempt d'inquiétude ;/ Et de quelque côté que vînt souffler le vent,/Il y tournait son aile, et s'endormait content. »

L'endroit et les environs à l'origine n'ont pourtant rien de bien ragoûtant. Ce ne sont que marais insalubres et champs non cultivés décrits avec dégoût par Saint-Simon lui-même. Une chose est sûre : le mémorialiste n'aime pas Versailles. Il goûtait davantage Saint-Germain. À preuve, cet extrait de ses *Mémoires* : « Versailles, le plus triste et le plus ingrat de tous les lieux, sans vue, sans bois, sans eau, sans terre, parce que tout y est sable mouvant ou marécage, sans air par conséquent qui n'y peut être bon. »

L'ancien propriétaire de l'endroit, Martial de Loménie, a étrangement été tué pendant la Saint-Barthélemy. La légende veut en effet que Catherine de Médicis ait fait étrangler Loménie à la faveur d'Albert de Gondi, le comte de Retz, et qu'il puisse jouir des lieux. À voir.

Reste que, l'année suivante, Gondi en devient le propriétaire pour 35 000 livres. Louis XIII décida de faire construire un petit logis tant la demeure des Gondi à l'abandon était inconfortable. Mieux : il rachète l'endroit au descendant de Gondi et entreprend des travaux. Voici tout simplement l'acte de vente :

« Le 8 avril 1632, fut présent l'illustrissime et révérendissime Jean-François de Gondi, archevêque de Paris, seigneur de Versailles, reconnoît avoir vendu, cédé et transporté… à Louis XIII, acceptant pour Sa Majesté, messire Charles de l'Aubespine, garde des sceaux et chancelier des ordres du roi, et messire Antoine Rusé, marquis d'Effiat, surintendant des finances, etc., la terre et seigneurie de Versailles, consistant en vieil château en ruine et une ferme de plusieurs édifices ; consistant ladite ferme en terres labourables, en prés, bois, châtaigneraies, étangs et autres dépendances ; haute, moyenne et basse justice… avec l'annexe de la grange Lessart, appartenances et dépendances d'icelle, sans aucune chose excepter, retenir, ni réserver par ledit sieur archevêque, de ce qu'il a possédé audit lieu de Versailles, et pour d'icelle terre et seigneurie de Versailles, et annexe de la grange Lessart, jouir par Sadite Majesté et ses successeurs rois, comme de choses appartenantes.

« Cette vente, cession et transport faits, aux charges et devoirs féodaux seulement, moyennant la somme de soixante-mille livres, que ledit sieur archevêque reconnoît avoir reçues de Sadite Majesté, par les mains de…, en pièces de seize sous, de laquelle somme il se tient content, en quitte Sadite Majesté et tout autre, etc.[1] »

Louis-Philippe sauve les meubles

Un titre à entendre au sens propre comme au sens figuré ! Après la Révolution française, après l'ère napoléonienne, Versailles tombe irrésistiblement à l'abandon. Il faut la force financière et l'envie de renouer avec la royauté de Louis-Philippe pour redonner tout son lustre d'antan à Versailles. L'établissement avait été progressivement laissé aux familles démunies. Elles durent plier bagage avec le rétablissement de la monarchie en France. Reste qu'on ne savait que faire de cet endroit qui coûtait

1. *Architecture françoise*, par Blondel, liv. VII, p. 93.

cher et était difficile d'entretien. Mais, surtout, à quoi servaient ces lieux si ce n'est à être le tombeau magique en ruine d'une monarchie à bout de souffle ?

Certains envisagèrent de transformer le château, d'en faire un hôpital, un lycée, voire, solution radicale, de tout raser ! C'est alors que Louis-Philippe eut l'idée de transformer ces ruines en un lieu dédié à toutes « les gloires de France ». Le 10 juin 1837 fut inauguré ce musée qui célébrait la France depuis les croisades. Entre-temps, un véritable et énorme chantier fut engagé pour remettre en ordre un bâtiment à l'abandon et redonner du lustre à cet endroit mythique et pivot de l'histoire de France. Louis-Philippe investit sur ses propres deniers environ 24 millions de francs. Des pièces entières furent soit supprimées, soit rénovées ou réhabilitées. Titanesque !

L'essentiel des appartements royaux restait en place. Pour l'inauguration, la Comédie-Française joua *Le Misanthrope* et on y célébra le mariage du fils du roi. La royauté reprenait ses quartiers à Versailles ! Les batailles et autres guerres qui s'ensuivirent ne permirent toutefois pas au château de maintenir ce niveau.

Versailles devint plus un lieu symbolique de négociations (qu'on pense au traité de Versailles) qu'un lieu de villégiature. D'ailleurs, la France et les Français avaient-ils alors la tête à la « villégiature » ?

Le Bernin à Versailles

Gian Lorenzo Bernini, dit le Bernin (1598-1680), s'initie à la sculpture auprès de son père en Italie. On lui doit des chefs-d'œuvre, notamment au cœur de la basilique Saint-Pierre ou la fontaine des Quatre-Fleuves, à Rome. Alors que le Bernin proposa un plan de rénovation du Louvre, qui fut applaudi, on sollicita sa venue en France. Louis XIV saisit alors sa plume et flatta l'artiste romain : « Seigneur Cavalier Bernin, je fais une estime si grande de votre mérite que j'ai un grand désir de voir et de connaître une personne aussi illustre, pourvu que ce que je souhaite se puisse accorder avec le service que vous devez à Notre Saint Père le pape [...] je vous prie de me donner satisfaction et de vouloir entreprendre le voyage en France [...]. »

On pouvait difficilement rester insensible à ce genre de propos. Si bien que le Bernin obtempéra et vint à Paris. On l'accueillit à Versailles en grande pompe, avec son fils et ses assistants. Là, il lança son regard à l'horizon et constata : « Cela est galant ; tout ce qui est proportionné est beau ; ce palais est proportionné. Dans ces palais, on ne recherche pas la solidité, et c'est pour cela qu'on arrive à un bel effet. Tout ce que l'on a fait ici est élégant[1]. » On lui commande alors un portrait du roi.

1. Chantelou.

Le Bernin ne fit pas poser le roi comme on l'entend traditionnellement. Non ! Il suivit le roi dans ses moindres faits et gestes pour saisir le plein mouvement de son visage. Les deux hommes n'étaient que flatterie. Ainsi ce dialogue intercepté entre eux, où Louis XIV parlait l'italien :

— *Sto rubando* (« Je suis en train de voler »), dit le Bernin en griffonnant quelques traits sur son carnet.

— *Si, ma e per restituere* (« Oui, mais pour restituer »), répondit alors le roi, tout heureux.

— *Però per restituere meno del rubato.* (« Mais pourtant moins que ce que j'aurais volé »), termina de répondre le Bernin.

Un buste du roi, en mouvement, au front haut, nez pincé, dans des drapés, fut produit. Colbert (1619-1683) apprécia ; nul ne sait si le roi s'y reconnut. Le Bernin retourne à Rome, heureux d'avoir découvert la beauté du Luxembourg ou de la Sorbonne. Ses plans pour le Louvre n'ont pas été retenus, mais il n'empêche, il travaille dès lors à une statue du roi de France, qui doit normalement s'élever entre le Louvre et les Tuileries. Elle est achevée en 1674. Elle n'arrive à Versailles qu'en 1685, mais, hélas, le roi ne se reconnaît pas dans ce portrait. Il charge donc Girardon (1628-1715) de transformer cette statue en Marcus Curtius. Il faut dire que le style baroque, ce cheval cabré en marbre, n'est plus vraiment à la mode à Versailles, désormais retourné à un classicisme épuré. Louis XIV sauve désormais Rome, depuis l'Orangerie de Versailles…

L'étrange Comte de Saint-Germain

Versailles est aussi le lieu de rencontres hors du commun. Il attire toutes les étrangetés du pays, venues briller auprès du centre du pouvoir suprême. Le comte de Saint-Germain fait partie de celles-là… La date et surtout le lieu de sa naissance restent un mystère : entre 1690 et 1710. Par contre, sa mort est attestée en 1784, en Allemagne. Entre deux, quel roman ! On lui reconnaît volontiers des manières aristocratiques et une connaissance surprenante, ce qui porte à croire qu'il serait l'enfant illégitime de quelque tête couronnée européenne (les paris fluctuent entre le fils illégitime de François II Rákóczi de Transylvanie et de la princesse Violante-Béatrice de Bavière, mais aussi celui de la reine d'Espagne Marie-Anne de Neubourg, qu'elle aurait eu avec le comte de Melgar).

De toute façon, l'homme avait ses entrées à la cour… Mais tout commence en Angleterre, où il débute sa « carrière ». Est-ce un affabulateur ou un être de génie ? Il admet utiliser un nom d'emprunt, mais dans quel but ? Il veut bien avouer son vrai nom, mais seulement au roi. Étrange, non ? Quoi qu'il en soit, il attire suffisamment l'attention des uns et des autres. Il est considéré un temps comme un espion, dans une Angleterre suspicieuse, qui craint le retour des Stuarts sur le trône.

D'un autre côté, on reconnaît à l'homme un talent de violoniste hors pair et le savoir-faire de la composition. En 1745, il disparaît. Perdu de vue ! Pfffuit ! Envolé. Puis il réapparaît en France en écrivant à Abel-François Poisson de Vandières, marquis de Marigny (1727-1781), le directeur général des Bâtiments de Versailles. Saint-Germain, féru de chimie, aurait découvert des moyens d'améliorer la technique de la teinture des tissus. Pour ce faire, il souhaite en 1758 en faire profiter la France. Marigny, par ailleurs frère de la Pompadour (1721-1764), la maîtresse de Louis XV, accède à sa demande. Ledit comte de Saint-Germain arrive à la cour. Il commence dès lors à fasciner tous les courtisans, notamment à propos d'alchimie.

Est-ce un charlatan ? Il promet toutefois de confier au roi la plus grande des découvertes. Marigny lui attribue Chambord comme laboratoire de recherche. Soyons honnête : il préfère la cour de Versailles à Chambord. D'autant que la Pompadour l'a présenté à son royal amant. Celui-ci apprécie fort sa compagnie, sa vaste culture. On ne parvient toutefois toujours pas à savoir qui est vraiment le comte de Saint-Germain. Il étonne par sa connaissance des mondes passés. Comme s'il y avait été ! Comme s'il avait vécu cet instant si ancien… Très étrange, décidément. D'ailleurs, la Pompadour n'y tient plus, comme en témoigne ce récit de sa femme de chambre :

— Mais enfin vous ne dites pas votre âge, et vous vous donnez pour fort vieux. La comtesse de Gergy qui était, il y a cinquante ans je crois, ambassadrice à Venise, dit vous y avoir connu tel que vous êtes aujourd'hui.

— Il est vrai, madame, que j'ai bien connu, il y a longtemps, madame de Gergy.

— Mais suivant ce qu'elle dit, vous auriez plus de cent ans à présent ?

— Cela n'est pas impossible, dit-il en riant, mais je conviens qu'il est encore plus possible que cette dame, que je respecte, radote.

— Vous lui avez donné, dit-elle, un élixir surprenant par ses effets. Elle prétend qu'elle a longtemps paru n'avoir que 25 ans. Pourquoi n'en donneriez-vous pas au roi ?

— Ah ! Madame, dit-il avec une sorte d'effroi. Que je m'avise de donner au roi une drogue inconnue, il faudrait que je fusse fou !

Sa personnalité perturbe grandement. Serait-ce un alchimiste ? A-t-il vraiment vécu toutes ces époques ? Serait-ce là son secret ? De ses trouvailles pour les tissus, toutefois, on n'entend plus vraiment parler... On enquête aussi pour trouver les origines de son opulence : rien n'est découvert à ce sujet. Pire, Choiseul (1719-1785), secrétaire d'État aux Affaires étrangères, commence à trouver cet homme un peu trop encombrant. Ce comte de Saint-Germain n'est-il pas commissionné par le roi lui-même pour espionner du côté de la Hollande ?

C'en est trop. Choiseul lance une campagne de dénigrement à la cour contre cet affabulateur. Un comédien, Milord Gauve, s'amuse à singer Saint-Germain, à faire croire qu'il a assisté au dernier repas du Christ ! Puis ce mot, qui termine de faire croire qu'il ne le porte décidément pas dans son cœur : « Versailles, le 19 mars 1760. Je vous envoie une lettre de M. de Saint-Germain à Mme la marquise de Pompadour qui suffit seule pour faire connaître l'absurdité du personnage ; c'est un aventurier de premier ordre, qui de plus par ce que j'en ai vu est fort bête. Je vous prie, aussitôt ma lettre reçue, de le faire venir chez vous, et de lui dire de ma part que j'ignore de quel œil les ministres du Roy chargés du département des finances envisageront sa conduite ridicule en Hollande relativement à cet objet ; mais que quant à moi, vous avez ordre de le prévenir que si j'apprends que de près ni de loin, en petit ou en grand, il s'avise de se mêler de politique, je l'assure que j'obtiendrai l'ordre du roi pour qu'à sa rentrée en France, il soit mis le reste de ses jours dans un cul de basse-fosse. Vous lui ajouterez qu'il peut être certain que ces dispositions de ma part à son égard sont aussi sincères qu'elles seront exécutées, s'il me met dans le cas de tenir ma parole. Après cette déclaration, vous le prierez de ne plus remettre les pieds chez vous, et il ne sera pas mal que vous fassiez publier et connaître à tous les ministres étrangers, ainsi qu'aux banquiers d'Amsterdam, le compliment que vous avez été chargé de faire de cet aventurier. » Il est alors abandonné par le roi Louis XV et chassé de Versailles. On perd sa trace à nouveau. Peut-être à Saint-Pétersbourg ?

On a aussi voulu voir en lui un franc-maçon. Peut-être… Mais il réapparaît désormais au fil des siècles. On l'a vu dans certains récits évoquant les derniers jours de Marie-Antoinette. Mieux : au XXe siècle, un compagnon de la chanteuse de Dalida (!) s'est même dit être le comte de Saint-Germain. Décidément un étrange personnage !

Tout un symbole

On découvre très vite la symbolique extrême liée à la construction du château de Versailles et de son domaine. Et surtout la symbolique du chiffre trois. Cela marque la descendance et l'appartenance royales. En effet, l'histoire royale française s'est construite autour de la fleur de lys à trois têtes. Une réminiscence de Clovis qui reçut du ciel *trois* fleurs. Pas nécessairement des lys, notons-le au passage ! Les férus de symbolisme et d'héraldique se sont amusés ensuite à décliner sur l'ensemble du domaine versaillais les symboles ternaires, comme le *Guide de Versailles mystérieux*[1] nous le rappelle. Ainsi trouve-t-on en vrac les trois grands chemins qui mènent et débouchent sur le château, de Paris, Saint-Cloud et Sceaux, jusqu'à la place d'Armes. La grille d'entrée donnait ensuite accès à trois cours : l'avant-cour, la grande cour et la petite cour, soit la cour de Marbre comme elle a été baptisée depuis. L'ancien édifice laissait apparaître à gauche et à droite deux séries de neuf statues, un multiple de trois, sous les fenêtres du roi, qui étaient naturellement au nombre de trois. Trois grilles permettaient aussi l'accès au jardin (remplacées

---

1. Éditions Tchou.

par des portes-fenêtres). Autant de symboles architecturaux pas anodins, qui inscrivaient la construction royale dans un continuum symbolique fort.

On peut noter en outre que la chambre du roi, au centre du château, est entre l'est, la terre, et l'ouest, l'eau. Sur l'axe nord-sud, les autres éléments sont célébrés. Au nord, l'air vers le bassin du Dragon, et le feu vers l'Orangerie au sud. Qui a dit que les constructions architecturales étaient faites au hasard ? Aucunement, en tout cas, à Versailles ! Le Dragon est le symbole de la tempête, de l'agitation, d'où un lien étroit avec la guerre et Neptune, dieu des Mers et des Océans. C'est précisément à ce point cardinal que fut placé le salon de la Guerre. Intéressant !

Le nord, c'est aussi le froid, opposé à l'Orangerie, au sud, la chaleur. Et au cœur de ce lys ternaire et symbolique : la chambre du Roi. Élémentaire !

Le scandale du collier de la Reine

Une affaire comme on les aime avec du suspense, de la roublardise et des victimes faibles, affamées par le pouvoir ! Tout commence avec le cardinal-prince de Rohan (1734-1803), à la cour de Louis XVI, en 1785. Le grand aumônier de France, supérieur des Quinze-Vingts, n'en peut plus d'être en disgrâce auprès de son bon roi.

Lui aussi veut être ministre. « Pourquoi pas moi ? » ne cesse-t-il de clamer ici ou là, à ses proches ou ailleurs.

Il est certain que le rempart à son avancement n'est autre que la reine Marie-Antoinette, qui ne peut le souffrir. Cette situation lui pèse. À la même époque, à Versailles, toujours ouvert aux quatre vents, un vrai moulin où quiconque veut se promener se promène, évolue une jeune personne qui n'est autre qu'une simple comploteuse. Elle répond au doux nom de madame de La Motte. Elle évolue dans les couloirs du château comme bon lui semble. Elle n'y connaît pourtant strictement personne. Impressionnant ! Elle entend parler de ce déficit d'affection du cardinal auprès de la reine et en fait son affaire.

Si la plupart des courtisans de Versailles s'amusent des considérations du pauvre homme, la demoiselle a compris qu'elle tenait là un pigeon idéal pour ses projets bien peu avouables. Elle a déjà rencontré le cardinal. Elle lui fait croire alors qu'elle peut jouer les entremetteuses entre la reine et lui. Affaire conclue. Elle commence par lui transmettre de – faux – billets de la reine. Il n'y voit goutte. Puis elle trouve un subterfuge encore plus énorme. La reine invite Rohan à venir à Versailles, dans le parc du château à la nuit tombée. Rohan a le cœur qui palpite. Il se dirige droit ver le bosquet de la Reine avec sa grande redingote. Pas un bruit autour de lui… Là, il aperçoit les atours d'une jeune personne qui a tout des attraits de la reine, sa mousseline, son maintien… Il embrasse le bas de la robe de la reine, qui l'invite à croire que tout est oublié. Il peut s'imaginer, donc, que son heure est enfin arrivée.

Il garde entre ses mains le souvenir de cette fleur abandonnée par la reine, qui déjà s'éloigne. Était-ce bien la reine pour autant ? Rohan n'en doute pas un instant. Il n'a pas vu les coulisses du traquenard, où La Motte ordonnait à une jeune femme, aux traits similaires à ceux de la reine, de jouer le jeu dans cette nuit tombante. Non, Rohan n'a rien vu. Et ce n'est que le début de la fin pour lui…

À la cour, on connaît l'existence d'un superbe collier, créé par Boehmer et Bassenge. Une splendeur de diamants ! Plus de 1 600 000 livres. Seuls le roi ou des amis fortunés peuvent se l'offrir. La reine, à qui la pièce a été proposée, s'est abstenue. Au grand dam des joailliers qui croyaient là pouvoir faire affaire… Madame de La Motte a eu vent de ce bijou. Elle n'a qu'une envie : se le procurer. Son meilleur moyen ? Rohan, bien sûr !

Madame de La Motte confie alors à Rohan l'envie – fausse – de Marie-Antoinette, sa nouvelle meilleure amie, de se procurer ce bijou, sans prévenir le roi, qui serait immédiatement au courant. Rohan, homme d'Église, homme riche, se précipite sur cette aubaine pour rentrer à nouveau dans les grâces royales. Il achète le collier, le remet à madame de La Motte, qui promet les versements réguliers de remboursement de la reine à venir. Bien entendu, Rohan ne sera jamais remboursé, et le collier et ses nombreux diamants se sont déjà envolés !

Rohan n'a toutefois pas suffisamment d'argent pour le remboursement et très vite est étranglé, les joailliers à sa suite. Alexandre Dumas évoque avec délices cet épisode de la vie de Rohan qui avait pour devise : « Roi ne puis, prince ne daigne, Rohan je suis. » Lisant dans les pensées de l'homme d'Église abusé par la jeune demoiselle, voici les mots du romancier :

« — Coquette, capricieuse, perfide, s'écriait-il dans son désespoir ; oh ! je me vengerai.

Il accumulait alors toutes les pauvretés qui soulagent les cœurs faibles dans leurs douleurs d'amour, mais qui ne les guérissent pas de l'amour lui-même.

— Voilà, disait-il, quatre lettres qu'elle m'écrit, toutes plus injustes, toutes plus tyranniques les unes que les autres. Elle m'a pris par caprice, moi ! C'est une humiliation qu'à peine je lui pardonnerais, si elle ne me sacrifiait à un caprice nouveau.

Et le malheureux abusé relisait avec la ferveur de l'espoir toutes les lettres, étayées dans leur rigueur avec un art de proportion impitoyable.

La dernière était un chef-d'œuvre de barbarie, le cœur du pauvre cardinal en était percé à jour, et cependant il aimait à un point tel que, par esprit de contradiction, il se délectait à lire, à relire ces froides duretés rapportées de Versailles, selon madame de La Motte. »

L'affaire remonte aux oreilles du roi. Un conciliabule entre les différentes parties. Rohan, face au roi et à la reine (la vraie !), est sommé de s'expliquer. Chose qu'il ne parvient à faire que par écrit, tant le pauvre homme est ému. Rohan ne peut qu'admettre avoir été trompé, mais ne pas avoir trompé la reine, pourtant bien compromise. Son honneur a été mis en cause. La reine est touchée. Ce qui ne va pas arranger ses affaires avec la souveraine !

Rohan est arrêté, sous les yeux ébahis des courtisans de Versailles, et Marie-Antoinette se retire à Trianon. Les soupçons autour de la reine grandissent pourtant. Pourquoi se retirer ainsi ? Ses détracteurs au château n'hésitent pas à la croire coupable de manigances… Cela n'aurait-il pas été un bon moyen pour écarter ce Rohan ? Et empocher les diamants au passage ? Peut-être. Le mystère reste encore entier. Et inspire toujours les romanciers, Alexandre Dumas en tête !

Louis XIV, « SCF » (sans château fixe !)

De ce pavillon de chasse à Versailles, Louis XIV fera un lieu unique au rayonnement mondial. Même les plus sceptiques lui reconnaissent alors ce talent, comme cet observateur italien, Jean-Baptiste Primi Visconti : « Du reste ce pays est ingrat, il n'y a que des sables et des marais malsains, et le Roi, on peut le dire, y a fait venir les éléments qui d'abord n'y étaient pas, en y faisant transporter, planter ou venir bois, arbres et eau. »

Première visite en 1651, Louis XIV est tout de suite sous le charme de l'endroit qui lui servira à abriter ses aventures galantes. À partir de 1661, les travaux d'agrandissement commencent, et Louis XIV se transforme en véritable « chef de chantiers ». Plus d'un million de livres sont investies cette seule et même année. Énorme !

Ainsi, Le Vau commence le réaménagement des bâtiments, Coypel (1628-1707) et Errard (1606-1689) imposent une décoration très « ensoleillée » à l'intérieur de ces mêmes bâtiments. Et Le Nôtre (1613-1700) est responsable de la Ménagerie, ainsi que de l'Orangerie.

Les prix des transformations ne cesseront d'augmenter. La chambre du Roi, le Grand Appartement, est au centre de la construction. Versailles ne sera pendant quelques années qu'un perpétuel chantier. On compte en moyenne 30 000 ouvriers sur le chantier. Les estropiés sont légion. Un tarif est même appliqué en dédommagement selon les blessures. Pour un œil crevé, comptez 60 livres ! Ainsi, entre 1678 et 1694, on détruit la terrasse du château neuf de Louis XIV pour y bâtir la fameuse galerie des Glaces (entre autres). Parallèlement, des hôtels particuliers de courtisans fleurissent dans les rues alentour.

Le 6 mai 1682, le roi et toute sa cour s'installent enfin à Versailles, qui devient dès lors le centre politique et administratif de la France.

Le roi cesse de se partager entre ses différents châteaux, que ce soit au Louvre, à Fontainebleau, Vincennes ou Saint-Germain-en-Laye. Il n'est plus « sans château fixe » ! « Le sixième de mai le Roi quitta Saint-Cloud pour venir s'installer à Versailles, où il souhaitait être depuis longtemps, quoiqu'il fût rempli de maçons, dans le

dessein d'y demeurer jusqu'après les couches de madame la Dauphine, qui fut obligée de changer d'appartement le second jour qu'elle fut arrivée, parce que le bruit l'empêchait de dormir. »

Coureur de vin

Ceci n'est pas le travers d'un quelconque « coureur de jupon » en mal de boissons ! En janvier 1784, Marie-Antoinette inventa ce nouveau brevet de « coureur de vin ». La personne à qui était attribuée cette mission avait la charge de toujours avoir à portée de main une serviette contenant du vin, certes, mais aussi quelques victuailles pour se sustenter. Quatre personnes avaient décroché cet office à cette époque, dont le service durait en moyenne trois mois. La tâche principale consistait à être toujours là et pouvoir répondre à toutes les demandes de la reine. Tâche ingrate ! Il fallait loger dans les Grands Communs, dans des loges minuscules et peu salubres. Quand c'était possible ! Le protocole impose que le coureur de vin n'apporte pas directement la boisson à la reine. La dame d'honneur s'en charge. Mais si elle venait à s'absenter, et la reine, à s'assoiffer, le coureur de vin n'aurait pas même droit à la satisfaire. Ah ! ce sens de l'étiquette et du protocole !

Une école de jeunes filles dirigée par « l'abbesse universelle »

Françoise d'Aubigné (1635-1719), marquise de Maintenon, petite-fille de l'écrivain protestant Agrippa d'Aubigné, veuve du poète Scarron et épouse morganatique de Louis XIV, reçut de la part de ce dernier la direction de la Maison royale de Saint-Louis dédiée à l'éducation de 250 jeunes filles issues de la noblesse pauvre. Toute sa vie ou presque fut tournée vers l'éducation, surtout l'éducation des jeunes filles de cette noblesse désargentée dont elle-même était issue.

Elle commença par « marrainer » l'institution de Rueil, puis du château de Noisy, et enfin, avec l'aide du roi, elle géra la Maison de Saint-Louis à Saint-Cyr, au fond du parc du château de Versailles. Saint-Simon, à ce sujet, est perfide, décrivant une femme habitée par son action religieuse et éducative.

« Elle eut la faiblesse d'être gouvernée par la confiance, plus encore par les espèces de confessions, et d'en être la dupe par la clôture où elle s'était renfermée. Elle eut aussi la maladie des directions, qui lui emporta le peu de liberté dont elle pouvait jouir. Ce que Saint-Cyr lui fit perdre de temps en ce genre est incroyable ; ce que mille autres couvents lui en coûtèrent ne l'est pas moins. Elle se croyait l'abbesse universelle, surtout pour le spirituel, et de là entreprit des détails de diocèses. C'étaient là ses occupations favorites. Elle se figurait être une mère de l'Église. Elle en pesait les pasteurs du premier ordre, les supérieurs de séminaires et de communautés, les monastères et les filles qui les conduisaient, ou qui y étaient les principales. De là une mer d'occupations frivoles, illusoires, pénibles, toujours trompeuses, des lettres et des réponses à l'infini, des directions d'âmes choisies, et toutes sortes de puérilités qui aboutissaient d'ordinaire à des riens, quelquefois aussi à des choses importantes, et à de déplorables méprises en décisions, en événements d'affaires, et en choix. »

« La dévotion qui l'avait couronnée, et par laquelle elle sut se conserver, la jeta par art et par goût de régenter, qui se joignit à celui de dominer, dans ces sortes d'occupations ; et l'amour-propre, qui n'y rencontrait jamais que des adulateurs, s'en nourrissait. Elle trouva le roi qui se croyait apôtre, pour avoir toute sa vie persécuté le jansénisme, ou ce qui lui était présenté comme tel. Ce champ parut propre à Mme de Maintenon à repaître ce prince de son zèle, et à s'introduire dans tout. »

Dans cette Maison de Saint-Louis étaient réunies des jeunes filles sans le sou ou dont les pères étaient morts à la guerre pour le roi. Leur éducation religieuse était très stricte, mais, pour autant, elles n'étaient pas vouées à la religion. L'organisation de l'établissement était rigoureuse : 250 jeunes filles pensionnaires entre 7 et 20 ans, dirigées par 36 dames et 24 sœurs.

Même Racine y donna des cours ! D'ailleurs, Racine fut à l'origine d'une certaine zizanie, de façon tout à fait involontaire et indirecte. Un jour que madame de Maintenon était destinée à faire connaître les vertus et autres beautés de la prose de l'historiographe du roi, elle eut l'idée de faire interpréter *Andromaque*, de Racine, par les jeunes filles pensionnaires. Les jeunes élèves y mirent tant d'ardeur et de ferveur, qu'elles furent totalement transportées par les sentiments amoureux de la pièce. Au point que madame de Maintenon interdit toute nouvelle représentation pour les jeunes filles de la maison. Par contre, elle informa Racine qu'une pièce plus historique, ou plus religieuse, ferait mieux l'affaire.

C'est ainsi que Racine composa *Esther*, plus propice à la réflexion religieuse et à la piété ! Moreau composa la musique de cette pièce. Le roi, pour la première le 26 janvier 1689, se fit « placeur » et « ouvreur » du théâtre installé dans le grand parloir de Saint-Cyr. Racine soufflait le texte. Les invités étaient triés sur le volet. Mais, hélas, une fois de plus, les jeunes filles tragédiennes n'avaient plus de pensées que pour le théâtre ! Et plus du tout pour les leçons..., au grand désespoir de madame de Maintenon, qui n'avait pas imaginé une telle perturbation dans « son » établissement. Il fut alors décidé que plus jamais on ne jouerait de pièce de théâtre. Même l'*Athalie* de Racine, écrite quelques mois plus tard !

Épitaphe de madame de Maintenon

Très-haute et très-puissante dame
Madame Françoise d'Aubigné, Marquise de Maintenon,
Femme illustre, femme vraiment chrétienne ;
Cette femme forte que le Sage chercha vainement
dans son siècle,
Et qu'il nous eût proposé pour modèle
S'il eût vécu dans le nôtre.
Sa naissance fut très noble.
On loua de bonne heure son esprit, plus encore sa vertu.
La sagesse, la douceur et la modestie
Formaient son caractère, qui ne se démentit jamais.
Toujours égale dans les différentes situations de la vie ;
Mêmes principes, mêmes règles, mêmes vertus.
Fidèle dans les exercices de piété,
Tranquille au milieu des agitations de la Cour
Simple dans la Grandeur,
Pauvre dans le centre des richesses,
Humble au comble des honneurs,
Révérée de Louis le Grand,
Environnée de sa Gloire,
Autorisée par la plus intime confiance,
Dépositaire de ses grâces ;
Qui n'a jamais fait usage de son pouvoir
Que par sa bonté.
Une autre Esther dans la faveur,
Une seconde Judith dans la retraite et l'oraison ;
La mère des pauvres,
L'asile toujours sûr des malheureux.
Une vie si illustre a été terminée par une mort sainte
Et précieuse devant Dieu.
Son corps est resté dans cette maison,
Dont elle avait procuré l'établissement.
Elle a laissé à l'Univers l'exemple de ses vertus.
Décédée le 15 avril 1719 ; née le 28 novembre 1635.

L'ami des bêtes

Louis XV était volontiers gai et festif. Plusieurs fois, on le vit grimper sur les toits du château pour aller effrayer quiconque par les conduits de cheminée ou passer par la fenêtre pour s'inviter à quelque dîner de façon improvisée avec ses amis seigneurs ! Toutefois, on le sait un peu moins, il aimait aussi énormément les animaux. Ainsi avait-il fait aménager dans les combles du château de Versailles une volière et un pigeonnier.

On sait aussi qu'il avait fait installer, dans le château cette fois, tout proche de sa chambre, un cabinet destiné aux meilleurs de ses chiens de chasse, situé dans l'antichambre de sa chambre personnelle (différente de celle de son aïeul, qu'il trouvait trop fraîche). Il venait nourrir personnellement ses fins limiers. Mais attention ! Pas de n'importe quelle manière… Il restait le roi tout de même ! Pour donner la gimblette (biscuit sec pour chiens, tout rond), il devait transmettre ce gâteau à son premier maître d'hôtel afin qu'il l'offre à l'animal ! Les autres animaux de sa meute qui n'étaient pas retenus pour passer leur nuit auprès de leur maître filaient droit vers le chenil en ville.

Louis XV était aussi très attaché à son chat angora. Il avait même son petit coussin près de la cheminée dans le cabinet du Conseil. Un soir, les gentilshommes amis de Louis XV voulurent lui faire une farce et décidèrent de faire danser la pauvre bête. Pour ce faire, ils ne trouvèrent pas mieux que d'asperger les pattes de l'angora avec de l'eau de mille fleurs. Le chat, sous le coup de la chaleur et de la surprise, sauta de son coussin et commença ses cabrioles. Si les seigneurs du roi rigolaient de cette danse de Saint-Guy d'un genre particulier, il en fut tout autrement pour le roi qui sembla fortement chagriné par ce mauvais traitement infligé à son chat.

Portrait de Louis XIV en poires

Louis XIV aimait les fruits et légumes, surtout ceux du Potager créé par Jean-Baptiste de La Quintinie (1626-1688). Voici le portrait d'un des fruits préférés de Louis XIV : la poire appelée… « Bon-Chrétien » (ça ne s'invente pas…) par son « père », La Quintinie lui-même. À travers cette description, lisons entre les lignes pour y découvrir en creux un portrait « souverain »…

« Je ne fais aucune difficulté de me déclarer en faveur du Bon-Chrétien d'Hiver.

« Car, premièrement, l'ancienneté d'extraction connue pouvant ici lui être comptée pour quelque chose, cette poire a été l'une des premières à se faire connaître ; les grandes monarchies, et surtout l'ancienne Rome, l'ont connue et cultivée sous le nom de *Crustunium* ou de *Volemum*, si bien qu'apparemment, elle y fait souvent figure dans les magnifiques festins qu'y s'y faisaient, soit pour augmenter l'éclat des triomphes, soit pour honorer les rois tributaires qui venaient rendre hommage aux maîtres du monde.

« En second lieu, le grand et illustre nom qu'elle porte depuis plusieurs siècles, et dont il semble qu'elle a été baptisée à la naissance du christianisme, n'imprime-t-il pas de la vénération pour elle, nommément à tous les jardiniers chrétiens ?

« Il faut convenir que la nature ne nous donne rien de si beau et de si noble à voir que cette poire, soit dans sa figure qui est longue et pyramidale, soit dans sa grosseur qui est surprenante [...]. Mais particulièrement le coloris incarnat dont le fond de son jaune est relevé lui attire l'admiration de tout le monde.

« Elle a la chair cassante et souvent assez tendre, avec un goût agréable, et une eau douce, sucrée, assez abondante, et même un peu parfumée.

« Outre tous ces avantages, elle a encore celui-ci qui me paraît fort grand : quand toutes les autres poires sont passées, celle-ci reste sur les tables jusqu'aux nouveautés de printemps. À quelque prix que ce soit, je veux voir du Bon-Chrétien en toutes sortes de jardins, puisque dans la vérité nous n'avons rien de mieux pour la fin de l'hiver.

« C'est elle qui fait le plus d'honneur sur les tables,

c'est elle qui est la plus employée quand on veut faire des présents de fruits considérables, et surtout pour en envoyer dans des lieux éloignés. C'est enfin celle qui est de la plus grande utilité pour ceux qui en élèvent en vue de les vendre. Elle est constamment très bonne, et très excellente crue. »

La curiosité est un joli défaut

Créé en 1682, le cabinet de Curiosités de Versailles est une pièce couverte de tableaux et de miroirs qui offre une accumulation de statuettes, médailles et autres vases et bijoux. Voici son descriptif par l'un des familiers du château, Félibien (1619-1695) :

« Du vestibule on monte cinq marches de marbre pour entrer dans le Cabinet vers le Midy. La quantité d'objets qui se présentent d'abord à la vue, fait qu'on a peine à en remarquer la richesse & la disposition. Tout ce lieu est couvert d'or & rempli de glaces de cristal, excepté quelques endroits ornés de peintures. Le bas forme une manière d'octogone plus longue que large ; & le haut une espèce d'ovale. Dans une coupole de pareille figure au milieu du plafond, l'on a peint un groupe de trois Amours. Des guirlandes de fleurs environnent de relief l'ouverture de ce petit dôme. De là elles pendent en manière de quatre festons & de jeunes Satyres avec les extrémités des mêmes guirlandes ornent deux bordures remplies de glaces de miroir dans les grandes faces des côtés du Cabinet au dessus de la corniche. Proche de ces bordures on voit de petits groupes d'Enfants peints en camayeux. À côté de tout cela, il y a dans les faces du Cabinet des Enfants de relief assis sur divers trophées d'armes. Ils soutiennent des ovales bordés de fleurs. Ce sont comme autant de tableaux attachés au devant des quatre pendentifs du plafond. On voit dans chacune une Femme assise, l'une accompagnée de l'Amour représente Vénus, & les autres l'Abondance, la Magnificence, & la Symétrie. Dans chaque face des deux bouts du Cabinet, il y a trois bordures en façon de chambranles. Celles au dessus de la fenêtre contiennent des ouvertures qui servent à donner du jour au plafond avec une ouverture ronde bordée de fleurs qui accompagne dans la coupole trois miroirs de pareille figure & les autres chambranles forment encore comme autant de miroirs faits de plusieurs glaces de cristal. »

Il y a le feu sur le Grand Canal

Louis XV fut confronté à une terrible découverte, celle du « feu de l'enfer », le feu grégeois, l'ancêtre du napalm. En 1759, sur le Grand Canal de Versailles, fut faite la démonstration des outrages de ce feu composé de salpêtre, d'huile de naphte, bitume et soufre. Une horreur ! D'autant que l'ensemble continuait de brûler, même au contact de l'eau. On parle alors de « feu liquide ». Révolutionnaire ! Une arme de destruction massive en d'autres termes plus récents historiquement.

Cette arme avait pourtant déjà fait des désastres, et avait surtout permis à l'Empire byzantin de garder par deux fois la main sur Constantinople face aux tentatives arabes. Peu d'hommes ou de femmes furent mis en contact avec les composés exacts du feu. On en perdit l'usage après l'apparition de la poudre à canon au XIVe siècle. Antoine Dupré, joaillier grenoblois de son état, redécouvrit les formules de fabrication de ce feu grégeois à travers les écrits du *Livre des feux* de Marcus Graecus. Passionné d'alchimie, il décrypta les procédés, mais surtout il parvint à améliorer le concept en développant le moyen de propulser l'ensemble grâce (?) à des bouteilles de grès. Rien ou presque ne pouvait y résister.

Des expériences eurent lieu à l'Arsenal, visiblement très concluantes, à Paris et au Havre. Louis XV demanda à voir la conclusion des recherches de Dupré. C'est ainsi qu'on mit feu au Grand Canal de Versailles ! Les historiens, encore au XIXe siècle, se souviennent des événements. Ainsi, dans les *Galeries historiques de Versailles :*

« Sur le grand canal, autrefois chargé d'une flottille qui avait son amiral, ses officiers, ses matelots, fut faite l'expérience du feu grégeois. Ce feu grégeois était la terrible découverte d'un chimiste italien qui proposait d'en vendre le secret à la France. Cette composition eut un succès si terrible qu'elle fit peur au roi et à sa cour. Jamais invention plus puissante n'avait menacé la vie des hommes, la sécurité des villes. Louis XIV, avec cette intelligence pleine de grandeur qui l'a si souvent et si admirablement secondé, ne voulut pas acheter, même pour s'en servir à la dernière extrémité, ce feu de l'enfer ; il pensa avec raison que les hommes avaient déjà d'assez grands moyens de s'entre-détruire, et que quand on aurait introduit ce nouvel élément dans la gloire humaine, la gloire n'y gagnerait rien, non plus que le courage. Il voulut donc anéantir à jamais le feu grégeois. Il acheta le secret de cet Italien en exigeant seulement que cet homme ne dît à personne son secret, pas même au Roi de France. L'Italien prêta serment entre les mains du Roi, et il emporta avec lui, dans la tombe, son fatal secret. »

Notons qu'il est question ici de Louis XIV, alors qu'en 1759 Louis XV œuvrait déjà sur le trône français ! N'empêche, cette expérience marqua les esprits. Au point de les perturber plus que de raison !... Et c'est à Dupré que Louis XV racheta le procédé secret qu'il lui jura de ne pas divulguer de peur de faire le mal plus qu'il ne faut. Étrange quand on sait que Louis XV était empêtré dans la guerre de Sept Ans contre les Anglais. Cela aurait fait une bonne arme de dissuasion !

Au même moment, le fantasque comte de Saint-Germain partait négocier en Hollande. Lui-même n'avait-il pas découvert quelque arme étrange dans ses appartements de Chambord propres à effrayer Louis XV de la même manière ? L'arme devait être particulièrement destructrice si même le roi accepta de ne pas l'utiliser « dans l'intérêt supérieur de l'humanité », comme il l'affirma. Dupré, au final, reçut une belle récompense pour ses recherches, tant honorifique (le Cordon de Saint-Michel) que financière (2 000 livres). Nul ne sait toutefois quelle force cette arme pouvait réellement avoir. Le mystère du Grand Canal reste entier !

Laisse les gondoles à Venise

Le Grand Canal est une des constructions les plus emblématiques et surtout les plus impressionnantes du domaine de Versailles. Sa construction fut pour le moins compliquée. On étagea, terrassa, soutira, aplanit les tonnes de terre pour que ce fameux Grand Canal puisse refléter le soleil et se réverbérer sur la façade du château du fameux Roi-Soleil. Tout un art.

Ce Grand Canal mesure près de 1 520 mètres de long pour 120 mètres de largeur. De quoi largement canoter tranquille et en paix ! À cela s'ajoute de chaque côté une sorte d'axe perpendiculaire, qui mesure plus de 1 000 mètres. Une belle surface totale… Bientôt, l'ensemble fut littéralement envahi par une flottille non pas seulement de bateaux de plaisance comme les chaloupes ou des canots, mais aussi des bâtiments en réduction, directement issus de la Marine royale, avec vaisseaux et autres « galiotes ».

Louis XIV pouvait ainsi faire valoir sa Marine in situ à tous ses courtisans et aux visiteurs étrangers. L'accent fut d'ailleurs mis sur des navires également venus d'ailleurs, un yacht anglais, des gondoles vénitiennes, dont quatre furent offertes directement au roi français par la République de Venise. L'ensemble de ces navires était resplendissant de par leur décor, des tissus précieux, des peintures onéreuses, des répliques miniatures de palais royaux flottants ! On s'aperçut toutefois bien vite qu'il était nécessaire d'agrandir le canal, la profondeur de l'ensemble n'étant pas suffisante à la navigation, et que le virement de bord n'y était pas non plus très aisé. Des travaux en profondeur furent donc entrepris, et des bassins, aménagés. Puis on fit venir les prototypes de la marine, directement assemblés sur le Grand Canal. Un grand chantier !

Le Grand Canal et la pièce d'eau des Suisses coûtèrent d'ailleurs plus cher que l'ensemble des fontaines du parc… Le fonctionnement de la flottille représentait un personnel et donc un budget conséquent, entre capitaine des vaisseaux, lieutenant, contremaître, maître des vaisseaux, maître canonnier, 25 matelots… On compta même des galériens directement « rapportés » de Marseille, des charpentiers de Dunkerque, des matelots du Havre et même des gondoliers en provenance de Venise !

Rien n'est trop beau pour Louis XIV. Il se mit en tête de vêtir tous ces gens de tenues luxueuses, où l'or, le taffetas, la soie dominaient… Fastueux en diable. Mieux. Le maître de musique de la chambre du Roi créa pour les balades sur le Grand Canal des compositions particulières et adaptées à l'endroit, comme ce *Concert de Trompettes pour les Festes sur le canal de Versailles*. Sur les rives du canal brûlaient alors les flambeaux à la nuit tombée, des grandes tentures peintes représentaient des paysages et des décors venus d'ailleurs.

Félibien, l'un des commentateurs de l'époque, écrira même : « Nulle autre clarté n'éclairait la scène, que la lueur diffuse des transparents lumineux, faisant défiler leurs architectures fantastiques. » Ce Grand Canal, un rêve éveillé !

Fontaines allumées, roi en sa maisonnée

De même qu'aujourd'hui on décèle la présence de la reine d'Angleterre en son château à Buckingham Palace en observant le drapeau dressé en son sommet ou pas, il en était de même à l'époque de Louis XIV. Dès que le roi était à Versailles, dans son château, les fontaines jouaient leur délicieuse cérémonie aquatique. Les fontainiers mettaient en action les fontaines sur le trajet de l'arrivée du roi au château, mais aussi toute la journée durant, lorsqu'il était au château, et seulement dans les fontaines et parterres bien visibles des fenêtres. Enfin, lorsque le roi partait en promenade dans le jardin : toutes les fontaines s'harmonisaient sur son passage. En résumé, le roi, et seul le roi, avait le pouvoir de « déclencher » les fontaines du domaine de Versailles. En d'autres temps, sans sa présence, elles n'étaient pas allumées.

Mémoires d'une femme de chambre

Madame du Hausset (1713-1801) était femme de chambre de la marquise de Pompadour. Elle fut aussi une source incroyable pour les historiens, du fait de ses mémoires plutôt caustiques et critiques vis-à-vis de la cour. Mais on y vit plus tard la touche et la « revisite » de Gabriel Sénac de Meilhan, qui réécrivit plusieurs passages. Reste qu'il s'agissait à la base d'une vive critique des faits et gestes de Versailles sous Louis XV. Ses remarques sont assassines sur les mœurs de la cour. En voici quelques-unes :

« M. le duc de la Val***** était un grand seigneur, fort riche. Il dit un jour au souper du roi : "Sa Majesté me fait la grâce de me traiter avec bonté ; je serais inconsolable d'être dans sa disgrâce : mais si cela m'arrivait, je m'occuperais, pour me distraire, du soin de très belles terres que j'ai, dans telle et telle province." Et là-dessus, il fit la description de deux ou trois châteaux superbes. Un mois peut-être après, au sujet de la disgrâce d'un ministre, il dit devant le roi : "J'espère que Votre Majesté me conservera ses bontés ; mais si j'avais le malheur de les perdre, je serais plus à plaindre qu'un autre, car je n'ai pas d'asile où reposer ma tête." Tous ceux qui avaient entendu la description des beaux châteaux se regardaient en riant ; et le roi dit à Madame qui était à table à côté de lui : “On a bien raison de dire qu’il faut qu’un menteur ait bonne mémoire.” »

Ailleurs, la femme de chambre se fait confidente. Le roi a visiblement engrossé une petite jeune femme. Ladite jeune femme doit accoucher sans même savoir que le père est le roi lui-même. La femme de chambre de la Pompadour est envoyée illico sur le terrain pour aider, dans le plus grand secret, à l’accouchement du bâtard :

« Madame me fit appeler un jour et entrer dans son cabinet où était le roi, qui se promenait d’un air sérieux. “Il faut, me dit-elle, que vous alliez passer quelques jours à l’avenue de Saint-Cloud, dans une maison où je vous ferai conduire ; vous trouverez là une jeune personne prête à accoucher.” Le roi ne disait rien, et j’étais muette d’étonnement. “Vous serez la maîtresse de la maison, et présiderez, comme une déesse de la fable, à l’accouchement. On a besoin de vous pour que tout se passe suivant la volonté du roi, et secrètement. Vous assisterez au baptême et indiquerez les noms du père et de la mère.” Le roi se mit à rire, et dit : “Le père est un très-honnête homme.” Madame ajouta : “Aimé de tout le monde, et adoré de tous ceux qui le connaissent.” Madame s’avança vers une petite armoire, et en tira une petite boîte qu’elle ouvrit. Elle en sortit une aigrette de diamants, en disant au roi : “Je n’ai pas voulu, et pour cause, qu’elle fût plus belle. – Elle l’est encore trop”, et il embrassa Madame en disant : “Que vous êtes bonne !” Elle pleura d’attendrissement, et mettant la main sur le cœur du roi : “C’est là que j’en veux”, dit-elle. Les larmes vinrent aussi aux yeux du roi, et je me mis aussi à pleurer, sans trop savoir pourquoi. Ensuite, il me dit : “Guimard vous verra tous

les jours pour vous aider et vous conseiller ; et au grand moment vous le ferez avertir de se rendre auprès de vous. Mais nous ne parlons pas du parrain et de la marraine ; vous les annoncerez comme devant arriver, et, un moment après, vous aurez l'air de recevoir une lettre qui vous apprendra qu'ils ne peuvent venir. Alors vous ferez semblant d'être embarrassée, et Guimard dira : Il n'y a qu'à prendre les premiers venus ; et vous prendrez la servante de la maison, et un pauvre ou un porteur de chaises, et ne leur donnerez que 12 francs pour ne pas attirer l'attention. — Un louis, ajouta Madame, pour ne pas faire d'effet dans un autre sens. […] — Guimard, dit le roi, vous dira les noms du père et de la mère. Il assistera à la cérémonie qui doit être le soir, et donnera les dragées. Il est bien juste que vous ayez les vôtres" et il tira 50 louis qu'il me remit de cette mine gracieuse qu'il savait prendre dans l'occasion, et que n'avait personne autre que lui dans son royaume. Je lui baisai la main en pleurant. "Vous aurez soin de l'accouchée, n'est-ce pas ? C'est une très-bonne enfant qui n'a pas inventé la poudre, et je m'en fie à vous pour la discrétion ; mon chancelier vous dira le reste", dit-il en se tournant vers Madame, et il sortit. "Eh bien ? comment trouvez-vous mon rôle, dit-elle ? — D'une femme supérieure et d'une excellente amie, lui dis-je. — C'est à son cœur que j'en veux, me dit-elle, et toutes ces petites filles qui n'ont point d'éducation, ne me l'enlèveront pas. Je ne serais pas aussi tranquille, si je voyais quelque jolie femme de la cour et de la ville tenter sa conquête." Je demandai à Madame si la jeune personne savait que c'était le roi qui était le père. "Je ne le crois pas, dit-elle, mais comme il a paru aimer celle-ci, on a craint qu'on ne se soit trop empressé de le lui apprendre ; sans cela, on dit à elle et aux autres, dit-elle en levant les épaules, que c'est un seigneur polonais, parent de la reine, et qui a un appartement au château. Cela a été imaginé à cause du cordon bleu que le roi n'a pas souvent le temps de quitter, parce qu'il faudrait changer d'habit, et pour donner une raison de ce qu'il a un logement au château, si près du roi." C'étaient deux petites chambres du côté de la chapelle, où le roi se rendait de son appartement, sans être vu que d'une sentinelle qui avait ses ordres, et qui ne savait pas qui passait par cet endroit. Le roi allait quelquefois au Parc-aux-Cerfs, ou recevait ces demoiselles à l'appartement dont j'ai parlé. »

CQFD !

Y a pas de petites économies

Le petit personnel du château, quand il était au service du roi ou de la reine (on dit alors qu'ils sont « de quartier »), était nourri par ses employeurs. Mais, en dehors de leur temps de travail, ces gens devaient subvenir par eux-mêmes à leurs propres besoins. C'est ainsi qu'ils faisaient appel aux « serdeaux ». Késaco ? Le serdeau est, sous l'Ancien Régime, selon le dictionnaire, un « officier de bouche qui recevait des mains des gentilshommes les plats desservis de la table royale ». Ce mot provient de la déformation de « sert de l'eau ».

C'est en effet l'usage premier de ce personnage, qui n'avait d'autre but que de servir de l'eau à la table royale. Toutefois, ces hommes furent chargés par la suite de débarrasser les mets du roi et de la reine et de les placer sur de petites dessertes. Bien souvent, la plupart des mets n'ont pas été du tout touchés par le roi ou la reine. Le serdeau revendait juste après les repas royaux toutes les victuailles peu ou pas touchées. De quoi se rassasier pour pas cher de mets précieux, de viandes, légumes et autres plaisirs de bouche pour le petit personnel. Et pour le serdeau, la chance de se faire un peu d'argent… Idem pour les vêtements. Les nobles et autres courtisans de la cour revendaient tout simplement les vêtements qu'ils ne mettaient plus ou qui étaient passés de mode. Pas de petites économies ! Comme quoi, aussi, le troc et autres vide-greniers ont toujours existé !

Bougies pour tout le monde

Il faisait sombre à Versailles, et l'un des privilèges de la cour était d'être éclairée à la bougie. On distinguait deux types de bougies : les blanches et les jaunes. Les premières étaient destinées aux repas et dans les demeures ; la cire était filtrée et séchée au soleil. Les autres, de moins bonne qualité, coulaient vite. Elles étaient fournies à Versailles par la Fruiterie. Cela devient d'ailleurs une véritable monnaie d'échange. Les garçons de la chambre du Roi récupèrent « les bouts de chandelles » pour les revendre et arrondir leurs fins de mois de façon conséquente. Une activité somme toute réglementée et reconnue à différentes strates de l'organisation du château. Cela sert même d'objectifs en termes de rémunération, un moyen de paiement comme un autre.

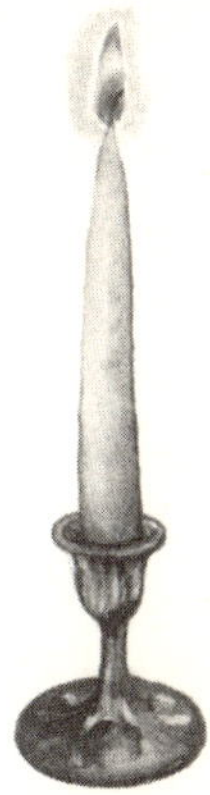

W. R. Newton, dans son ouvrage *Derrière la façade*, précise même que « chaque bougie ou chandelle était prise en compte jusqu'à la dernière goutte de cire », en dressant par exemple la demande d'indemnité des huissiers de l'antichambre du Roi, dont les décomptes sont particulièrement minutieux : « Douze pour les bobèches du lustre de l'antichambre à Versailles pour 8 mois de l'année et 12 et demi pour les mois d'hiver ; 16 bougies pour le lustre de l'antichambre à Compiègne ; 36 ¾ pour les 4 lustres de l'antichambre de Fontainebleau »… On ne rigole pas avec les bougies !

Durant les spectacles, on récupère les restes de bougies après les représentations. Parfois, on les utilise à peine, pour ne pas se faire remarquer… Un petit jeu fort dangereux qui entraîne quelques graves chutes. Le marquis d'Heudicourt s'en souviendra éternellement : c'est ainsi qu'il mourut ! L'un des fournisseurs de cire et de bougie n'est autre que Claude Trudon, venu

DEO REGIQUE LABORANT
CIRE TRVDON
c.1643

de Picardie. Il s'installe rue du Faubourg-Saint-Honoré et commence à fournir la cour. La maison existe toujours et figure à ce titre comme la plus ancienne manufacture de cire encore en exercice. Le descendant de la famille Trudon sera même anobli par Louis XVI, c'est dire. La devise, *Deo regique laborant* (« Elles [les abeilles] travaillent pour Dieu et pour le roi »), résume à merveille les activités de la maison autrefois.

Aujourd'hui, rue de Seine, dans le VIe arrondissement, il est encore possible de sentir l'esprit royal à travers diverses créations, comme la bougie parfumée « Mademoiselle de La Vallière », la première « maîtresse » de Louis XIV, une bougie très enveloppante et enivrante, comme cette demoiselle, où l'on retrouve des odeurs de bergamote, fleur d'oranger, galbanum, tubéreuse, jasmin, ylang, musc, ciste et benjoin.

Magies de l'eau de fleur d'oranger

Il existait autrefois à Versailles un cabinet des Parfums, où l'on fabriquait de l'eau de fleur d'oranger à partir des orangers du jardin. L'odeur plus légère de l'orange supplante au siècle de Louis XIV les odeurs plus capiteuses, qui montent à la tête du roi migraineux. Comment l'eau était-elle diffusée ? Par les orangers eux-mêmes, disposés çà et là dans les couloirs du château[1]. On en glissait quelques gouttes sur les mouchoirs, les éventails, mais aussi, chose plus curieuse, via des seringues en argent massif. On les mentionne dans *L'Inventaire du Mobilier royal*, où est répertoriée une paire de *« seringues servant à jeter de l'eau de fleur d'orange »*. Ne parlons pas ensuite d'odeurs nauséabondes à Versailles ! Sur les conseils de Daquin, son premier médecin, cette eau est aussi utilisée pour les gargarismes de Louis XIV quand il a mal aux dents.

La machine de Marly

Écoutons les textes des commentateurs de l'époque à propos de l'eau à Versailles, notamment l'un des plus virulents et des plus critiques, Primi Visconti, qui écrit : « Rien que pour un petit filet d'eau sur un terre-plein, devant l'appartement du Roi, on est obligé d'entretenir 150 chevaux, ce qui est véritablement grand de la part du Roi, mais le fontainier fait bien triste figure. »

Il fut ainsi créée, pour suppléer à ces besoins en eau, une extraordinaire machine destinée à alimenter les nombreux bassins parisiens. Pour ce faire, la fameuse « machine de Marly » fut imaginée. Aujourd'hui visible à Bougival (78), cette machine permettait de « remonter »

1. Voir : On parle de la Galerie des Glaces dans *le Mercure Galant* de 1682 !

l'eau à 163 mètres au-dessus du niveau de la Seine. Une prouesse technique remarquable !

En trois montées, avec deux puisards, l'un à plus de 48 mètres et l'autre à plus de 99 mètres, l'eau parvenait enfin au réservoir de Marly, qui dominait Versailles de 33 mètres, et arrosait l'ensemble. On obtenait au mieux un débit minimum de 1 500 mètres cubes par jour, et on pouvait au maximum atteindre 1 800 mètres cubes, le tout grâce à 14 roues sur la Seine dans le sens du courant.

Ce sont ces 14 roues à aubes avec des pistons refoulants qui forment le cœur même de cette machine. Une construction qui nécessita l'aide de concepteurs liégeois, mais aussi plus de 100 000 tonnes de bois, 17 000 tonnes de fer et la présence sur le chantier d'environ 2 000 ouvriers.

Le 13 juin 1684, Louis XIV pouvait enfin inaugurer l'œuvre après presque trois ans de travaux. Un bel exploit ! De quoi alimenter le château et les jardins, ses nombreuses fontaines et le Grand Canal en eau. Les fontaines font la joie des visiteurs aujourd'hui, et toutes racontent à leur façon une histoire, celle du roi, vue à travers le prisme de la mythologie, du bassin de Neptune, avec trois sculptures monumentales, *Neptune et Amphitrite*, *Protée* et *Le Dieu Océan* de Jean-Baptiste Lemoyne. Pour

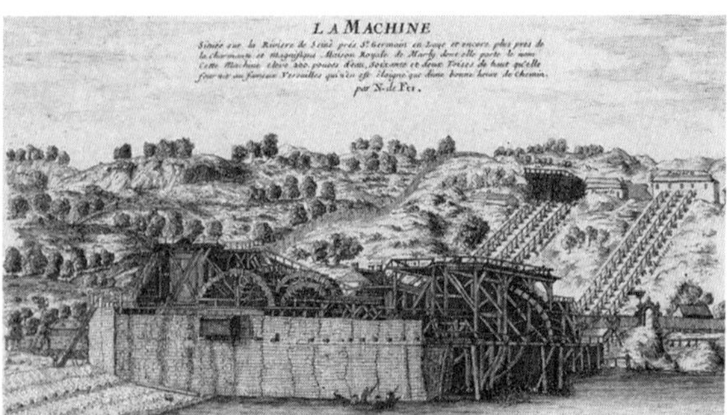

l'anecdote, il compte très précisément 99 jets d'eau. Pas un de plus ! Là encore, une vraie prouesse hydraulique !

Des chèvres, des huîtres et une rage de dents

S'il aimait son fils le Dauphin, Louis de France, Louis XV affectionnait pareillement ses filles qui naquirent de son union avec Marie Leczinska (1703-1768). Elles furent surnommées « Mesdames », même si la plupart ne se marièrent pas. Question d'étiquette et de dénomination ! Voici la liste des jeunes filles, par ordre d'apparition :

- Louise-Élisabeth de France (1727-1759), Madame, puis Madame-Infante après son mariage en 1739.
- Anne-Henriette de France (1727-1752), sa jumelle, titrée Madame Seconde, puis Madame au mariage de sa sœur jumelle en 1739.
- Marie-Louise de France (1728-1733), Madame Troisième, puis Madame Louise.
- Marie-Adélaïde de France (1732-1800), Madame Quatrième, puis Madame Troisième, puis Madame Adélaïde et enfin Madame à la mort de Madame Henriette (1752).
- Victoire de France (1733-1799), Madame Quatrième, puis Madame Victoire.

- Sophie de France (1734-1782), Madame Cinquième, puis Madame Sophie.
- Thérèse-Félicité de France (1736-1744), Madame Sixième, puis Madame Thérèse.
- Louise de France (1737-1787), Madame Septième ou Dernière, puis Madame Louise.

Il n'était pas rare de voir dans les travées et couloirs du château des chèvres passer leur tête. Rien n'était trop beau pour ces jeunes filles, et ces troupeaux de chèvres étaient destinés à l'approvisionnement des petites en lait frais dès le petit-déjeuner ! Une rencontre pour le moins incongrue dans la galerie des Glaces, comme on peut l'imaginer… Les caprices des petites demoiselles étaient familiers au château. Ainsi, lors du mariage de leur sœur aînée avec l'infant d'Espagne, des réceptions furent organisées à Versailles, notamment dans le salon d'Hercule, afin d'entendre les ambassadeurs d'Espagne de Don Philippe demander officiellement la main de Madame Première, à l'âge de… 13 ans à peine.

Sa cadette, Madame Troisième, s'opposa vertement et ouvertement à cette union. Et avec force ! Ces jeunes femmes avaient sacrément du caractère… Les chroniqueurs rapportent même cet épisode truculent où l'une des jeunes filles fit une comédie sans nom au dentiste monsieur Mouton pour une simple dent à arracher. Elle se débattit dans tous les sens, les gouvernantes tentèrent de la maîtriser et de la raisonner, mais rien n'y faisait. Elle exigea un autre avis ; les plus grands spécialistes dentaires du royaume se penchèrent sur sa dent. Et tous arrivèrent à la même conclusion : il fallait l'arracher… La jeune fille, toutefois, ne voulut rien entendre. Des lectures saintes liées à cet acte lui furent même récitées ! Elle tint bon. Sacré caractère, en effet !

Il fallut in fine l'intervention de son père, le roi lui-même, pour qu'elle abdique (!) et accepte enfin l'intervention dentaire.

Mais à quel prix ! Les commentateurs, A. de Montgon en tête, nous rapportent d'autres traits pour le moins intéressants au sujet de ces jeunes filles. Si certaines se retirèrent à Fontevraud quelque temps pour oublier Versailles et ses turpitudes, elles n'en demeurèrent pas moins de vraies gourmandes. Les placards de leurs chambres étaient remplis de jambons, pâtés, viandes exotiques et autres fruits. De vrais garde-mangers pour affronter toutes sortes de fringales. On dit même qu'elles raffolaient des huîtres et étaient capables d'en gober quinze douzaines. Gourmandes, en effet !

Scions, scions, scions du bois

Fin décembre 1999, une terrible tempête cyclonique s'est abattue sur la France. Versailles n'a pas été épargné. Plusieurs dizaines de milliers d'arbres ont chuté sous le coup des bourrasques qui soufflèrent à plusieurs centaines de kilomètres/heure. Un décompte a été effectué, dont voici les lieux et les pertes recensées.

Châteauneuf : 172 arbres
Choisy : 319 arbres
L'Avant-Cour : 418 arbres
L'Ermitage : 98 arbres
L'Étoile : 231 arbres
L'Étoile royale : 1 030 arbres
L'INRA : 423 arbres
L'Obélisque : 149 arbres
La Glaisière : 977 arbres
La Ménagerie : 18 arbres
La Petite Venise : 72 arbres
La Sablière : 459 arbres
La Salle de bal : 37 arbres
Le Fer à cheval : 764 arbres
La Flottille : 204 arbres
Le hameau de la Reine : 53 arbres
Le Jardin anglais : 1 348 arbres
Le jardin du Roy : 132 arbres
Le Miroir : 109 arbres
Le Rond vert : 325 arbres
Le sous-bois Trianon : 525 arbres
Les bains d'Apollon : 144 arbres
Les parterres de Trianon : 105 arbre
Les Sabotiers : 632 arbres
Matelots sud : 234 arbres
Pièce d'eau des Suisses : 221 arbres

Plusieurs œuvres caritatives permirent de reboiser les jardins, bois et autres bosquets royaux. On trouve même au décompte des arbres centenaires et emblématiques, comme le tulipier de Virginie de Marie-Antoinette ou encore le pin corse planté par Napoléon (1769-1821) lors de son passage au Petit Trianon. Quid des arbres morts, déracinés, qui jonchaient les jardins ? Les scieries Rohart, dans les Ardennes, ont racheté une grande quantité des bois précieux déracinés et retrouvés pêle-mêle dans les jardins de Versailles. Dont le fameux tulipier de Virginie…

Tulipier de Virginie

Bernard Rohart, le propriétaire, avait alors publié face au spectacle de désolation un petit ouvrage, *Tempête sur Versailles*, expliquant son geste de racheter une majorité des bois perdus, par amour pour Versailles. Des bibelots avaient été réalisés avec cet arbre qui rendait folle Marie-Antoinette. En 2011, la scierie ferme. Une partie du bois est mise en vente aux enchères.

Dont le fameux tulipier de Virginie… Nul ne sait à quel prix il partit. Mais la légende veut qu'il ait déjà été sauvé une fois désormais. Pourquoi pas deux ?

Toc toc toc ?

Qu'on se le dise : il y a une manière particulière d'ouvrir les portes à Versailles. Toutefois, très… logique ! Quand on se rend d'un appartement à l'autre, chez un courtisan ou une princesse, il s'agit non pas de frapper à la porte, mais de gratter tout doucement sur la porte, à savoir l'*huis* (d'*ostium* en latin, « seuil, entrée ») d'un appartement. Il fallait ensuite attendre que l'*huissier*, l'agent de porte, vienne vous ouvrir. En effet, très logique !

Ce soir, il y a « appartement »

En fin de journée, sous Louis XIV, le roi rentre vite de la chasse ou de sa promenade à cheval quotidienne, les tambours annoncent son arrivée au château, il file alors droit dans son cabinet, et, avec l'aide de son maître de la Garde-Robe, il change de vêtements et surtout de perruque (il portait une perruque longue à Versailles, plus courte au cours de ses sorties, histoire de ne pas se prendre les cheveux au vent !). Trois fois par semaine, il y avait les traditionnelles soirées dites « d'appartement ». En quoi consistent-elles précisément ?

Ces soirées ont lieu le lundi, mercredi et jeudi. À la cour, toutes les personnes vivant au château sont d'office invitées. Les autres doivent être conviées. On se retrouve dans les salons au nord du château, côté jardin. Tout est normalement prévu pour que la compagnie s'épanouisse dans un cadre enchanteur et qu'elle puisse s'amuser, avec des buffets garnis, notamment dans le bien nommé salon de l'Abondance, où sont fournis à profusion fruits et douceurs sucrés sur des plats en cristal et en or ; un billard, des orangers dans des caisses en argent terminent le décor. Dans le salon d'Apollon, où se situe le trône, on peut danser et écouter de la musique. C'est la fête à Versailles ! Faut que ça brille ! Que les fleurs et les toilettes soient élégantes !

Tout commence vers 22 heures. Le roi passe de table en table, mais ne s'arrête pas à l'une d'elles en particulier. Il aime juste regarder. Et surtout ne souhaite pas qu'on s'occupe de lui à cet instant. Le temps est à l'amusement. Ensuite vient le « grand souper » du roi, ouvert au tout-venant, séparé par une horde de gardiens, et une balustrade. Suffit d'être élégamment vêtus et d'avoir une épée pour ces messieurs. Pas de panique pour autant si vous n'avez pas la vôtre. On peut vous en louer une ; il n'y a qu'à se référer aux gardiens et concierges ! Pratique. L'occasion de se faire l'écho ou la gazette le lendemain à Paris de cette attraction hors du commun et très prisée de tout un chacun.

Le miroir ardent de Louis XIV

Versailles est souvent associé à la fête et aux menus plaisirs, mais les rois successifs ont aussi été absorbés par les innovations de leur temps. Ils demandaient sans cesse des démonstrations in situ. L'un des objets phares qui éblouirent Louis XIV est un miroir ardent, conçu par François Villette en 1670 et qui coûta la bagatelle de 7 000 livres. Cet ancêtre d'un four solaire, de plus d'un mètre de diamètre, émerveilla les spectateurs en conservant diverses matières comme le bois ou différents métaux avec la seule force du soleil. Une prouesse technologique. On raconte même l'anecdote du roi ébloui, quand il découvrit ce miroir ardent dans la Petite Galerie, orienté à la verticale, une bougie devant, qui illumina toute la pièce par simple réverbération.

Versailles sacre la révolution

Les états généraux se tiennent à Versailles en mai 1789, et une superbe toile d'Auguste Couder, aujourd'hui au Musée de l'histoire de France à Versailles, représente l'ensemble des députés des trois ordres réunis. Si l'aristocratie souhaite que les réformes ne soient pas mises en place, le clergé et le tiers état, représentant le peuple, sont les plus favorables aux changements, notamment à la tête du pouvoir. Ces États généraux ont été réclamés, en raison de la situation financière catastrophique de la France, par Louis XVI. Ainsi, il lance le 24 janvier 1789 cette invite :

LETTRE DE CONVOCATION DES ÉTATS GÉNÉRAUX À VERSAILLES

De par le Roi,

Notre aimé et féal.

Nous avons besoin du concours de nos fidèles sujets pour Nous aider à surmonter toutes les difficultés où Nous Nous trouvons relativement à l'état de Nos finances, et pour établir, suivant nos vœux, un ordre constant et invariable dans toutes les parties du gouvernement qui intéressent le bonheur de nos sujets et la prospérité de Notre royaume. Ces grands motifs Nous ont déterminé à convoquer l'Assemblée des États de toutes les provinces de notre obéissance, tant pour Nous conseiller et Nous assister dans toutes les choses qui seront mises sous nos yeux, que pour Nous faire connaître les souhaits et doléances de nos peuples, de manière que par une mutuelle confiance et par un amour réciproque entre le souverain et ses sujets, il soit apporté le plus promptement possible un remède efficace aux maux de l'État, que les abus de tous genres soient réformés et prévenus par de bons et solides moyens qui assurent la félicité publique et qui nous rendent à Nous particulièrement, le calme et la tranquillité dont Nous sommes privés depuis si longtemps.

Donné à Versailles, le 14 janvier 1789.

Chaque corps est représenté par ses habits. Sur les 1 139 députés présents, on compte 291 représentants du clergé, vêtus essentiellement avec leurs tenues d'apparat, dont 208 curés, 47 évêques et 36 abbés, à droite du roi ; 270 de la noblesse avec leurs habits noirs, rehaussés d'or et de plumes au chapeau, à gauche du roi ; 578 du tiers état, en simple costume noir, au fond de la salle ; quant au roi, il est en manteau de drap d'or, et Marie-Antoinette, en violet, avec une jupe toute pailletée d'argent. On remarque sa chevelure, cernée d'un bandeau incrusté de diamants. Dépasse une plume, que les amateurs de chasse attribuent à un héron… Splendide ! Mais était-ce bien approprié pour un jour pareil ? Une occasion aussi spéciale ?

Depuis quelques jours, Versailles grouille de monde. Si certains représentants de ces États sont des habitués du château, et y ont leurs habitudes, les autres doivent trouver le gîte et le couvert. Les auberges sont prises d'assaut, et l'on en vient même à loger chez l'habitant. Versailles a été totalement transformée avec les tentures du Garde-Meuble suspendues à travers toute la ville royale.

Après la réunion, les représentants du peuple, souvent venus de province, essaient d'apercevoir entre les couloirs les pièces qu'on leur a tant décrites, souvent un peu déçus par la petitesse des lieux, qu'ils se figuraient bien plus grands, ou bien des pièces qui n'existent tout simplement pas…

La « fracture sociale » entre le peuple et le roi est nette. Le roi est de moins en moins en sécurité après ces États généraux à Versailles. Il n'a plus que le soutien des gardes-suisses pour assurer sa sécurité et un régiment qu'il a fait venir de Flandre, dirigé par monsieur de Lusignan, colonel de son état. Pour souligner l'arrivée de ce régiment, une fête est donnée, dont Alexandre Dumas s'est fait l'écho dans son *Ange Pitou*, où il exprime là une splendeur fanée, la fin d'une époque, triste, trop triste, mais surtout terriblement loin des réalités…

« Elle donna la salle de spectacle, dans laquelle, pour ce jour-là, elle permit qu'un plancher fût construit, afin que la place fût large pour les soldats et leurs hôtes.

Une reine, quand elle donne l'hospitalité à des gentilshommes français, la donne entière. Voilà la salle à manger ; le salon manquait, la reine accorda le salon d'Hercule.

Un jeudi, 1er octobre, comme nous l'avons dit, se donna ce festin qui marquera si cruellement dans l'histoire des imprévoyances ou des aveuglements de la royauté.

Le roi était à la chasse.

La reine était enfermée chez elle, triste, pensive et décidée à ne pas entendre un seul choc des verres, un seul éclat des voix.

Son fils était dans ses bras, Andrée auprès d'elle. Deux femmes travaillaient dans un angle de la chambre. Voilà son entourage.

Peu à peu entraient au château les officiers brillants, les panaches, les armes fulgurantes. Les chevaux hennissaient aux grilles des écuries, les fanfares sonnaient, les deux musiques de Flandre et des gardes emplissaient l'air d'harmonie.

Aux grilles de Versailles, une foule pâle, curieuse, sournoisement inquiète, guettait, analysait, commentait et la joie et les airs.

Par bouffées, comme les rafales d'un orage lointain, s'exhalaient, par les portes ouvertes, avec les murmures de la gaieté, les vapeurs de la bonne chère.

Il était bien imprudent de faire respirer à ce peuple affamé l'odeur des viandes et du vin, à ce peuple morose, la joie et l'espérance.

Le festin continuait cependant sans que rien vînt le troubler, sobres d'abord et pleins de respect sous leur uniforme, les officiers avaient causé bas et bu modérément. Pendant le premier quart d'heure, ce fut bien l'exécution du programme tel qu'il avait été arrêté.

Le second service parut.

M. de Lusignan, colonel du régiment de Flandre, se leva et proposa quatre santés : celles du roi, de la reine, du dauphin et de la famille royale.

Quatre exclamations, poussées jusqu'aux voûtes, s'en allèrent fugitives frapper l'oreille des tristes spectateurs du dehors.

Un officier se leva. Peut-être était-ce un homme d'esprit et de courage, un homme de bon sens qui prévoyait l'issue de tout ceci, un homme sincèrement attaché à cette famille royale qu'on venait de fêter si bruyamment.

Il comprenait, cet homme, que parmi tous ces toasts on en oubliait un qui se présenterait brutalement lui-même.

Il proposa la santé de la nation.

Un long murmure précéda un long cri.

— Non ! non ! répondirent en chœur les assistants.

Et la santé de la nation fut repoussée.

Le festin venait de prendre ainsi son véritable sens ; le torrent, sa véritable pente.

On a dit, on dit encore que celui-là qui venait de proposer ce toast était l'agent provocateur de la manifestation contraire.

Quoi qu'il en soit, sa parole eut un fâcheux effet. Oublier la nation, passe encore ; mais l'insulter c'était trop : elle s'en vengea.

Comme à partir de ce moment la glace fut rompue, comme au silence réservé succédèrent les cris et les conversations exaltées, la discipline devenait une chimérique pudeur, on fit entrer les dragons, les grenadiers, les cent-suisses, tout ce qu'il y avait de simples soldats au château.

Le vin circula, il remplit dix fois les verres, le dessert apparut, il fut pillé. L'ivresse était générale, les soldats oubliaient qu'ils trinquaient avec leurs officiers. C'était réellement une fête fraternelle.

Partout on crie : "Vive le roi ! vive la reine !" Tant de fleurs, tant de lumières, tant de feux irisant les voûtes dorées, tant de joyeuses idées illuminant les fronts, tant d'éclairs loyaux jaillissant du front de ces braves ! C'était un spectacle qui eût été bien doux à voir pour la reine, bien rassurant à voir pour le roi.

Ce roi si malheureux, cette reine si triste, que n'assistaient-ils à une pareille fête !

D'officieux serviteurs se détachent, courent chez Marie-Antoinette, lui racontent, lui exagèrent ce qu'ils ont vu.

Alors l'œil éteint de la femme se ranime, elle se soulève. Il y a donc encore de la loyauté, de l'affection dans des cœurs français.

Il y a donc encore de l'espoir.

La reine jette autour d'elle un regard morne, désolé.

À ses portes commence à circuler le monde des serviteurs. On prie, on conjure la reine de faire visite, rien qu'une apparition dans ce festin où deux mille enthousiastes consacrent, par leurs vivats, le culte de la monarchie.

— Le roi est absent, dit-elle tristement, je ne puis aller seule.

— Avec M. le dauphin, disent quelques imprudents, qui insistent.

— Madame, madame, dit une voix à son oreille, restez ici, je vous en conjure, restez.

Elle se retourne, c'était M. de Charny.

— Quoi, dit-elle, vous n'êtes pas en bas avec tous ces messieurs ?

— Je suis revenu, madame ; il y a en bas une exaltation dont les suites peuvent nuire plus qu'on ne croit à Votre Majesté.

Marie-Antoinette était dans un de ses jours de bouderie, de caprice ; elle tenait ce jour-là précisément à faire le contraire de ce qui eût plu à Charny.

Elle lança au comte un regard de dédain, et s'apprêtait à lui répondre quelque désobligeante parole, lorsque l'arrêtant d'un geste respectueux :

— Par grâce ! dit-il, madame, attendez au moins le conseil du roi.

Il croyait gagner du temps.

— Le roi ! le roi ! s'écrièrent plusieurs voix. Sa Majesté revient de la chasse !

C'était vrai.

Marie-Antoinette se lève, court à la rencontre du roi, encore botté, tout poudreux.

— Monsieur, lui dit-elle, il y a en bas un spectacle digne du roi de France. Venez ! venez !

Et elle lui prend le bras ; elle l'entraîne sans regarder Charny, qui enfonce dans sa poitrine des ongles furieux.

Son fils à la main gauche, elle descend ; tout un flot de courtisans la précède et la pousse ; elle arrive aux portes de la salle de l'Opéra dans le moment où, pour la vingtième fois, les verres se vidaient aux cris de : "Vive le roi ! vive la reine !" »

Le serment du jeu de paume maçonnique

Souvenez-vous de vos cours à l'école… Ce serment du Jeu de paume est une des étapes primordiales sur le chemin de l'abolition de l'absolutisme français. Une plaque encore aujourd'hui célèbre cet épisode où il est écrit « Dans ce Jeu de paume, le XX juin MDCCLXXXIX, les députés du peuple, repoussés du lieu ordinaire de leurs séances, jurèrent de ne point se séparer qu'ils n'eussent donné une constitution à la France. Ils ont tenu parole. »

Cette salle qu'on nommait alors « tripot » avait été conçue et réalisée par Nicolas Cretté en 1686 et servait à jouer au fameux « jeu de paume », l'ancêtre du tennis. C'est une sacrée partie politique que les membres du tiers état choisirent de jouer, tentant le tout pour le tout, un coup de poker, qui va s'avérer gagnant. La partie n'était pourtant pas gagnée ! Les États généraux sont réunis par le roi avec la noblesse, le clergé et le tiers état pour résoudre les soucis financiers, économiques et sociaux qui s'abattent sur la France depuis 1788.

Les membres du tiers état ont réussi à entériner la fin des ordres, mais demandent le vote par tête et non par ordre, ce qui aiderait nécessairement les deux premiers. Le roi refuse. Le bras de fer commence.

Le tiers état se constitue alors en Assemblée nationale le 20 juin 1789. La noblesse et le clergé sont appelés à les rejoindre, ils traînent les pieds. Le roi interdit l'entrée quelques jours plus tard aux représentants du tiers état, qui décide alors de se réunir dans la fameuse salle du Jeu de paume, moment mis en scène par un tableau désormais célèbre du peintre David. La salle à l'origine était assez sombre, bien moins lumineuse que le tableau

grandiloquent du fameux peintre, qui célébrait à sa façon la « lumière » faite sur cette aventure politique et sociale déterminante. Là, l'assemblée du tiers état poursuit ses travaux et peut enfin prêter serment de ne jamais se quitter avant d'avoir enfin obtenu une constitution pour la France.

Les commentateurs du tableau y ont vu une interprétation symbolique forte des différents attributs francs-maçons. Déjà, la composition même du tableau, en triangle, comme pour les trois ordres du pays, les bras à gauche et à droite tendus vers le sommet du triangle, symbolisé par l'homme lisant le fameux serment « de ne jamais se séparer et de se rassembler partout où les circonstances l'exigeront jusqu'à ce que la Constitution du Royaume soit établie et affermie sur des fondements solides ».

Au premier plan, on découvre aussi trois hommes debout, les trois ordres réunis. Sur la gauche, deux autres hommes, le pied à la frontière de la lumière qui bascule. Autant de symboles franc-maçonniques forts. Le temps est venu ! La lumière doit être faite ! Depuis, cette salle du Jeu de paume est devenue le Musée de la Révolution.

Rockefeller fait du vélo dans le jardin de Versailles

« Au lendemain de la guerre mondiale, un citoyen des États-Unis d'Amérique John D. Rockefeller Jr., a contribué par ses magnifiques libéralités à restaurer le château et le parc de Versailles, les palais de Trianon et leurs jardins, la cathédrale de Reims, le château de Fontainebleau. En inscrivant ici le nom de John D. Rockefeller Jr., le gouvernement de la République a voulu lui témoigner la gratitude du peuple français. »

Telle est la retranscription de la plaque apposée à Versailles en remerciement de l'aide et du soutien financier apportés par ce descendant d'une grande famille américaine, à la tête de la Standard Oil Company. Il s'émeut en lisant dans le journal, en 1923, que Versailles est à l'abandon, en piteux état. Il écrit alors à Raymond Poincaré, président du Conseil, pour lui faire part de sa surprise : « À la pensée que quelques-uns de vos grands monuments nationaux portent les marques dévastatrices du temps, parce que les réparations d'entretien n'ont pu être faites durant la guerre, et que d'autres demeurent encore les témoins silencieux de ses ravages, j'ai été remué par un profond sentiment de regret. »

C'est ainsi que l'un des hommes les plus riches du monde octroie alors un million de dollars, une somme qui se chiffrerait à plusieurs millions d'euros aujourd'hui.

En attendant, le comité de pilotage franco-américain responsable de redistribuer l'argent de Rockefeller en fonction des besoins permit à Versailles d'aider à mettre le château à l'abri des intempéries et d'éviter qu'il ne pleuve à travers la toiture !

Ce qui fut fait… Les toitures, notamment au-dessus de la galerie des Glaces, furent rénovées, et une deuxième salve de travaux permit ensuite de rafraîchir plusieurs façades.

D'autres travaux permirent aussi de restaurer des parties abîmées de l'ensemble du domaine.

Mais quelle surprise, quand, quelques années plus tard après sa première constatation des dégâts, Rockefeller revient sur les lieux et écrit alors ces mots : « Nous eûmes la possibilité d'inspecter les travaux durant notre voyage de 1927. Nous passâmes une semaine à Versailles au charmant et vieillot hôtel du Trianon, pour que père puisse, en compagnie de Bosworth et des architectes français, examiner les travaux en détail. Le conservateur du château accorda à Winthrop et à moi la permission de faire de la bicyclette dans le parc et de monter sur les vastes toits en plomb du château. »

Une sorte de visite de chantier, en somme… Avec cette donation hors norme, le lien entre Versailles et la famille Rockefeller commençait (la famille américaine dispose d'une avenue à son nom à Versailles, juste devant la place d'Armes).

C'est aussi le début d'un grand travail de mécénat pour le château, qui ne s'interrompra plus.

La Reine Victoria à Versailles

Nous sommes en 1855. Napoléon III, anglophile depuis la guerre de Crimée, essaie de se rabibocher avec l'Angleterre et la fameuse reine Victoria. Après sa visite en avril de cette année-là à Londres, la politesse est rendue aux souverains britanniques. La reine Victoria et son mari arrivent à Paris. La souveraine, comme à son habitude, note tous les détails, tenues et discussions des uns et des autres dans son journal personnel.

Aucun roi anglais n'est venu à Paris depuis Jacques II, soit plus de 300 ans ! Et le souvenir de Waterloo reste encore dans les têtes (c'était il y a 40 ans à peine...). Mais voilà : Napoléon III veut tourner la page. Et la reine Victoria avec lui. Elle vient donc visiter l'Exposition universelle, est invitée dans tous les châteaux du royaume. L'impératrice Eugénie veille au décor et à chaque détail.

Il faut reconnaître que le séjour à Windsor de Napoléon III et Eugénie les a fortement impressionnés. En retour, tout doit être parfait.

L'un des points culminants de cette visite reste le repas à Versailles. La reine a eu droit dans la galerie des Glaces à une interprétation de *God Save the Queen.* Juste retour des choses, quand on sait que cet hymne fut créé ici par Lully pour Louis XIV, opéré d'une fistule, et repris plus tard par Haendel en Angleterre… Tout a été remis d'aplomb pour l'occasion dans le château.

On y retrouve le faste d'autrefois. La reine Victoria visite ensuite, avec son ombrelle verte, le parc du château. Au Trianon, le lunch est servi. Le soir, un hommage est rendu aux souverains britanniques dans la galerie des Glaces, où 50 lustres brillent entre les guirlandes de fleurs.

La reine Victoria est éblouie. Elle est aux anges. Un feu d'artifice est tiré, dehors des petites lumières illuminent le parc. Le souper est servi à l'Opéra royal. « Nous avons traversé une suite de pièces élégantes et une longue galerie menant jusqu'au théâtre, où était servi le souper, écrit la reine dans son journal. Le spectacle était magnifique. La scène entière était couverte, et 400 personnes avaient pris place à 40 petites tables de 10 couverts, chacune présidée par une dame de qualité et habilement composée – selon la volonté de l'impératrice. Tout était magnifiquement éclairé par d'innombrables lustres et décoré de guirlandes de fleurs. Les loges étaient pleines de spectateurs, et un orchestre, invisible, jouait. »

La venue de la reine Victoria est un franc succès, et le renouveau d'une amitié franco-britannique, toujours en vigueur.

Parquet Versailles

Si vous vous promenez dans les salles du château de Versailles, vous constaterez qu'il y a, au niveau du sol, quelques différences. Certes, le parquet domine, mais à divers endroits, dans les embrasures de portes, du marbre délimite les ouvertures. Autrefois, les sols étaient entièrement recouverts de marbre dans le château, pour imiter les palais italiens et toscans que Le Brun (1619-1690) avait remarqués lors de ses voyages. Mais des difficultés de nettoyage ont eu raison de cette coquetterie, et l'ensemble a progressivement été remplacé par du parquet. Mais pas n'importe lequel ! Ce sont des panneaux d'environ un mètre sur un mètre (on a aussi pu voir 97 à 130 centimètres), composés de lattes de bois facilement encastrables, entrecroisées, à l'intérieur de petits carrés.

Un style encore utilisé aujourd'hui et toujours très en vogue. De quoi vous donner des idées pour l'installation de votre parquet à la maison !

Dans les cous lisses du parc-aux-Cerfs

Il est amusant de voir que la marquise de Pompadour, après avoir été très en cour auprès de Louis XV, resta sa bien-aimée, son amie, sa fidèle et très proche conseillère. Elle apporta un regard neuf et original au roi sur des peintres, des artistes, comme Nattier ou Pigalle. On dit aussi que la marquise, bien après avoir offert ses faveurs au roi, lui organisa quelques parties fines au cœur du Parc-aux-Cerfs. Ou ailleurs à Versailles.

Là, des jeunes femmes ou filles frêles et légères s'y retrouvaient pour satisfaire les envies du roi. Une manière comme une autre pour l'ancienne favorite de garder un œil et la main (au sens figuré, s'entend, quoique !) sur son ancien amant… Les rumeurs enflent. On parle de soirées plus ou moins orgiaques. La « Poisson », comme les ennemis de la Pompadour l'appellent, de son nom de jeune fille, est décriée. Pour qui se prend cette femme ? Des libelles et autres chansons très satiriques la ciblent. « Fille de sangsue et sangsue elle-même,/Poisson d'une arrogance extrême,/Étale en ce château sans crainte et sans effroi/La substance du peuple et la honte du roi. »

Plutôt clair et pas vraiment élogieux ! On parle alors de « poissonnades ». Un climat délétère s'installe à propos de cette vie dissolue du monarque. Le roi aurait même dans sa chambre à Versailles une petite cachette secrète pour lutiner en paix toute jeune femme… Mais qu'est-ce que ce Parc-aux-Cerfs ? Littéralement, c'est ici, souvent situé au 4 de la rue Saint-Médéric, que Louis XIII faisait garder les cervidés. Les occupants ont quelque peu changé depuis… Cela deviendra avec le temps une sorte de relais de chasse à deux pas de Versailles. Puis, ce sera tout bonnement une garçonnière pour Louis XV et les amies de la Pompadour. On entendit même parler, sans jamais rien démontrer, de rapts d'enfants à Paris pour « alimenter » les soirées galantes du roi. Le mystère reste donc entier à ce sujet.

Par contre, la marquise resta toujours en cour, plusieurs cadeaux lui furent faits, dont notamment l'actuel palais de l'Élysée (autrement appelé « hôtel d'Évreux »), où réside notre président de la République. Jusqu'au bout, cette femme garda dans ses filets son royal amant. En 1764, la Pompadour mourut d'une pneumonie. En regardant filer sous la pluie son cercueil, qui devait rejoindre le couvent des capucines de la place Vendôme, Louis XV eut ce mot plein de tendresse, de nostalgie et d'amour : « La marquise n'aura pas beau temps pour son voyage. »

Les sots de l'office

Louis XIV chercha par tous les moyens, des plus nobles aux plus vils, à financer les guerres de son règne en multipliant les titres de noblesse. On vit alors un défilé de courtisans courir après les charges avec gourmandise et envie. Les élus se précipitaient aussi vite que possible sur ces charges, de peur qu'il n'y en ait plus ! Comme avec la nourriture. De quoi attirer l'attention des commentateurs et autres proches du roi, comme le chancelier Pontchartrain (1643-1727), qui fut contrôleur des finances auprès du roi et lança ce bon mot un jour à Versailles : « Chaque fois que Votre Majesté crée un office, Dieu crée un sot pour l'acheter. » Toujours autant d'actualité !

L'institut des aveugles de Valentin Haüy

Valentin Haüy est un être au grand cœur. Né en 1745, il étudie les lettres à Paris et souhaite aider son prochain. Une idée lui vient en observant des jeunes aveugles :

« Un jour, j'aperçus dans un café dix pauvres aveugles, affublés d'une manière ridicule [...], des lunettes de carton sans verre sur le nez, des parties de musique éclairées devant eux, et jouant fort mal le même air tous à l'unisson. On vendait à la porte du café une gravure représentant cette scène atroce. Au bas de l'estampe étaient huit vers dans lesquels on se moquait de ces infortunés. J'achetai cette gravure [...] et conçus le projet de secourir et de consoler les malheureux aveugles. Il me vint dans l'idée d'imprimer des paroles et de la musique en relief sur du papier, pour les mettre à portée d'apprendre chacun sa partie par cœur à l'aide du tact. »

Il fait ensuite la rencontre d'une jeune artiste, Maria-Theresia von Paradis, alias Mademoiselle Paradis[1], fille unique du conseiller de l'impératrice d'Autriche, devenue pianiste virtuose grâce à Mesmer. Elle a appris le piano à l'aide d'épingles figurant les notes sur des pelotes et la géographie en utilisant les reliefs topographiques.

Convaincu du bien-fondé de cette expérience, Valentin Haüy développe alors ses techniques pour apprendre à lire aux aveugles. Il commence avec un certain Lesueur. En investissant énormément, notamment dans l'achat de matériel adéquat, il parvient à ses fins : le jeune Lesueur apprend à lire et à compter plus aisément grâce aux techniques développées par Haüy.

1. Sa vie est aussi un sublime roman, par Michèle Halberstadt, aux éditions Albin Michel.

Très vite, ses aventures sont relatées à Versailles. De jeunes adultes lui sont confiés, et il leur apprend la musique selon ces méthodes. Le roi demande à découvrir ces avancées scientifiques tactiles au sujet des aveugles. Le 26 décembre 1786, devant la cour, le roi et les courtisans, les jeunes musiciens aveugles éblouissent par leurs prouesses les personnes présentes. Si bien qu'ils resteront plus de 15 jours à la cour !

Le roi et les courtisans financent alors l'ouverture d'une « Institution des jeunes aveugles » installée à Paris. De déboires historiques en déconvenues administratives, Valentin Haüy est bientôt mis sur la touche. Reste qu'il a développé au sein de cette structure de nombreux moyens pour apprendre à lire aux aveugles. L'un de ses élèves sera Louis Braille (1809-1852), qui créera le fameux alphabet dont le nom et la technique perdurent encore aujourd'hui. Un sacré destin, aidé par le roi et les siens.

On parle de la Galerie des Glaces dans le *Mercure galant* de 1682 !

Célèbre description de la galerie des Glaces dans *Le Mercure galant*, l'idéal pour découvrir qu'on aimait à parfumer le château, et a fortiori la galerie des Glaces, avec des orangers, qu'on déplaçait d'une pièce l'autre. Mais place à cette description :

« Les lieux qui sont ornés pour les divertissements que ce grand monarque donne trois fois la semaine commencent par le bout de la galerie de Versailles, qui n'est pas encore découvert, parce que la peinture, et les ornements qui la doivent accompagner, ne sont pas achevés. Vingt-six lustres de cristal et 16 chandeliers d'argent portés par des guéridons dorés éclairent cet endroit. On y voit un billard accompagné de 24 formes de velours vert à franges d'or. On passe ensuite dans le bout de la galerie qui est découvert, parce qu'il est achevé. Ce qui s'en voit fait assez juger quel sera ce merveilleux ouvrage, où M. Le Brun peint dans la voûte l'Histoire du roi. Il a représenté dans le morceau découvert la Hollande éperdue, qui oppose en vain ses digues, ses fleuves, ses remparts et ses rivières, à la rapidité de ce conquérant que rien ne peut arrêter. Il paraît dans un char conduit par Minerve et accompagné de la Gloire. Mars et la Victoire le suivent, et la Terreur et la Renommée marchent devant lui. Je ne décrirai ici ni la beauté de la peinture, ni la force de la correction du dessin, ni la vérité des expressions. La plume ne saurait donner cet air majestueux et intrépide que ce grand peintre a su conserver dans l'action du roi, ni représenter avec assez de force la frayeur de la Hollande et la terreur des peuples vaincus et renversés au premier choc. Des termes et des trophées peints soutiennent la voûte.

« D'autres trophées en relief, et dorés, sont sur la corniche, qui est dorée, aussi bien que la frise et l'architrave. Les chapiteaux et les bases sont de bronze doré, et tous les pilastres sont d'un marbre choisi, aussi bien que le reste de l'architecture. Des glaces font de fausses fenêtres vis-à-vis des véritables, et multiplient un million de fois cette Galerie, qui paraît n'avoir point de fin, quoiqu'il n'y ait qu'un bout qu'on en voit. Huit brancards d'argent portant des girandoles sont entre quatre caisses d'orangers d'argent, portés sur des bases de même métal, et garnissent l'entre-deux des fenêtres ; et huit vases d'argent accompagnent les brancards qui sont aux côtés des portes. Quatre torchères dorées portent dans les angles de grands chandeliers d'argent. Huit girandoles d'argent sont sur des guéridons dorés, posés au milieu des fenêtres de glace.

« Aux deux bouts pendent deux grands lustres d'argent à huit branches. Les tabourets sont de velours vert entouré d'une bande de brocart d'or, avec une frange de même.

« Le salon qui suit la galerie est de marbre enrichi de trophées en relief doré. Le roi à cheval, grand comme le naturel, est en relief sur la cheminée. Ses ennemis sont renversés sous les pieds de son cheval, et la Victoire, la Valeur et la Renommée l'accompagnent. Dans la

fermeture de la cheminée, on voit l'Histoire, qui est tout entière appliquée à décrire tant de grands événements. Huit grands brancards d'argent portent des chandeliers de deux pieds. Deux vases de même hauteur accompagnent chaque brancard et garnissent les entre-deux des fenêtres et des portes. On voit dans les angles des vases d'argent posés sur quatre guéridons or et azur. Un grand chandelier d'argent à huit branches pend au milieu de ce salon, et au-dessous, il y a un foyer d'argent de deux pieds de haut sur trois et demi de diamètre. »

Le courant passe

L'abbé Nollet (1700-1770) est un personnage passionnant et controversé, qui assurait l'éducation des enfants de Louis XV. Physicien, né en 1700, mort à l'âge de 70 ans, il est entré au gré de ses rencontres en contact avec les plus grands chercheurs de l'époque, de La Condamine à Fontenelle. Sa passion reste la physique. De voyages en Europe en expérimentations diverses et variées, il fait son entrée, en 1739, à l'Académie royale des sciences à la place de Buffon. Bientôt, il s'oppose avec plusieurs scientifiques à propos de l'électricité, notamment avec Benjamin Franklin, quant à l'origine de la foudre. Avec Nollet, la physique expérimentale est mise au goût du jour. Ses expériences à la cour à Versailles font fureur. Au sens propre comme au sens figuré ! Il s'amuse entre autres à aligner les gardes du roi, à les relier les uns aux autres, dans la galerie des Glaces. Et il teste la propagation du courant en demandant au premier de la ligne de toucher une bouteille pleine d'électricité, la fameuse bouteille de Leyde. Bingo ! Le premier garde saute en l'air, et ses collègues à la queue leu leu derrière lui, exactement de la même manière !

Une chose était donc prouvée : l'électricité se propage très rapidement… Quelques saignements de nez et évanouissements plus tard, une autre expérimentation fait grand bruit à Versailles : l'électricité ne serait pas transmise aux hommes qui ne sont pas « pourvus de tout ce qui constitue le caractère distinctif de l'homme ». L'expérience est donc faite sur les castrats de la chapelle du Roi. Mais rien de plus ne se passe. Il faut d'autres expériences encore pour comprendre le cheminement de l'électricité, les terrains favorables (sol sec ? humide ?) et enfin saisir que ce sont les sols qui interrompent ou pas le courant électrique et non la nature sexuelle des personnes choisies.

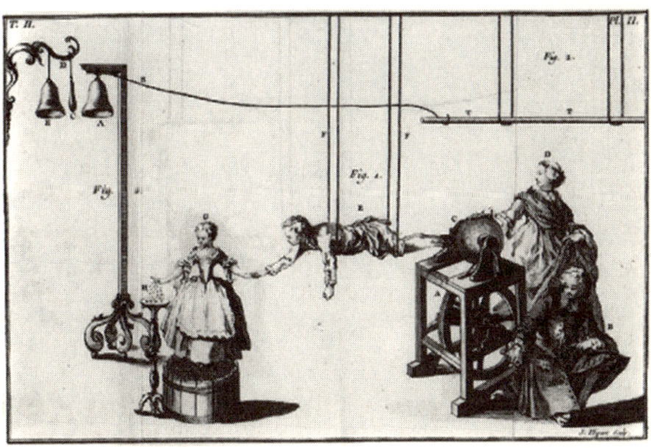

Doge de Gênes à Versailles

La réception du doge de Gênes à Versailles le 15 mai 1685 mérite qu'on s'y intéresse quelques instants. Car elle n'a rien d'une partie de plaisir pour le doge, et semble même être un guet-apens et un coup fourré diplomatiques savamment orchestrés par le roi Louis XIV lui-même !

Francesco Maria Imperiale Lercaro, le doge de Gênes, est venu en personne présenter ses excuses au roi Louis XIV pour avoir osé s'être allié aux Espagnols, pas les meilleurs amis de la France à cette époque. Une expédition punitive est organisée jusqu'à Gênes. Les ambassadeurs français exigent en outre un acte de contrition de la petite République génoise auprès de leur roi à Versailles. C'est chose faite, en ce jour de mai 1685, où Louis XIV a décidé d'infliger un camouflet au doge. Pour cela, la République de Gênes a dû faire voter une loi afin que le doge puisse sortir du territoire !

Tout le faste du château est alors déployé pour cette « réunion » particulière. Le trône de Louis XIV est placé dans le salon de la Paix, au bout de la Grande Galerie. Le Génois s'avance en robe de pourpre, avec sur la tête sa corne ducale en velours rouge, monte l'escalier monumental des Ambassadeurs, passe au travers des courtisans réunis dans les appartements. Le roi le reçoit comme un prince, à coups de repas, bal et autres menus plaisirs.

Rien du faste du château ne lui est épargné, des larges tentures pourpres aux fenêtres en passant par la symphonie des Grandes Eaux dans les jardins. De quoi impressionner agréablement le doge. Et lui montrer qui est le plus fort ! Pour la petite histoire, on retiendra cette discussion du roi avec son invité :

— Qu'est-ce qui vous a le plus impressionné à Versailles ? demanda le roi.

— C'est de m'y voir ! répondit le Génois.

Au feu les… charpentiers !

Peu ou pas de feu de grande importance à Versailles lorsque la royauté y fut installée. Même si on a craint parfois pour les perruques de ces nobles, et notamment celle du roi, qui s'enflamma sous le coup d'un valet un peu trop zélé, à la bougie par trop proche du souverain. Floup ! Le feu prit dans la fausse chevelure royale, mais fut vite maîtrisé.

Mazette ! Il faut dire que le système de sécurité était loin d'être performant. Les feux les plus importants eurent lieu dans les Grandes Écuries, pleines de foin, lors de feux d'artifice, dans des hôtels particuliers dans la ville, ou encore dans l'appartement d'une des musiciennes du roi. L'eau était sous le contrôle des fontainiers, qui se devaient d'être constamment à leur poste, sous peine d'amende. L'outil le plus utilisé pour arrêter le feu reste le seau. Il faudra attendre le début du XVIIIe siècle pour que des robinets d'eau à incendie en cuir fassent leur apparition. Ces robinets étaient reliés à des pompes à incendie – 12 au total – qui, elles, étaient gérées de façon manuelle par les fontainiers. Tout le dispositif était surveillé par les gardes-suisses et les invalides. Chose plus étrange : les corps de métiers les plus sollicités en cas d'incendie étaient les charpentiers et autres couvreurs, les plus qualifiés pour grimper aux sommets rapidement, notamment avec les échelles et autres cordes réquisitionnées dans les puits !

Dans la « privance » du roi

Voulez-vous savoir comment l'on vécut au cœur même de la chambre de Louis XIV et de ses descendants ? Tout y est merveilleusement organisé ; Saint-Simon dira même que cela répond d'une « mécanique royale ».

L'ensemble de la demeure semble se réveiller vers 7 heures. Tout ce beau monde logé un peu comme il le peut, dans ces zones d'inconfort, s'accommode de ces… incommodités ! Même sous les combles ! Le petit matin est d'ailleurs l'occasion d'un délicieux va-et-vient entre les eaux sales des besoins et l'eau propre qu'on remonte. Eh oui ! Tout le monde n'a pas de toilettes ! On compte à peine 274 chaises percées, qu'on nomme alors les *caquetaires*, pour les ducs, les princes et les princesses. Pas plus ! Pas rare non plus de voir les occupants du château, aussi courtisans soient-ils, être réduits à se faire une petite tambouille dans une cheminée retranchée du château. Ou bien terminer de se préparer un petit repas dans un ancien placard. La crise du logement est aussi passée par Versailles !

L'intimité des rois fascine toujours autant. Sous Louis XIV l'intimité est toute relative, tant sa chambre et sa demeure sont ouvertes à tout vent (aux sens propre et figuré !). Son lit est un espace sacré, situé au centre du château, lui-même centré par rapport au lever du soleil, du jardin, de l'arrivée des chemins côté ville ; il est même au centre de la France, symboliquement et physiquement. Le roi, souvent, se réveille vers 8 h 30. Le premier valet de chambre, qui dort sur un lit pliant, tout près du roi, est immédiatement à ses côtés, s'approche de lui, puis part ouvrir les rideaux en s'exclamant : « Sire, voilà l'heure ! » Il passera le reste de sa journée derrière un paravent. Un valet s'en vient ensuite laver les mains du roi, et des hommes tout de bleu vêtus (on les nomme les

« garçons bleus ») l'ont frictionné d'eau de senteur. La nourrice du roi vient l'embrasser.

Le souverain fait ensuite sa prière, et le petit lever peut commencer, entouré des plus proches ; on dit même de la « privance » du roi. Ils étaient réunis dans le salon de l'Œil-de-Bœuf, sous cette fenêtre ovale à la forme éponyme, et parlaient à voix basse. Sa robe de chambre sur le dos, ses mules aux pieds, il peut se faire raser (un jour sur deux) et mettre sa perruque. Le petit lever invite tous les apothicaires et autres soignants garants du bien-être et de la santé du souverain. Le grand lever est réservé aux autres domaines politiques et sociaux. Puis le roi s'habille.

La chambre est décorée deux fois par an, avec les meubles d'hiver et les meubles d'été. Louis XV fera installer une deuxième cheminée. Chéruel, citant d'ailleurs Saint-Simon, explicite quelque peu ces rituels :

« Après la promenade, Louis XIV travaillait encore avec les secrétaires d'État. Les soirées étaient ordinairement remplies par des concerts et des jeux ; quelquefois il y avait des réceptions plus solennelles [...] ; la cour entière affluait alors dans les galeries de Versailles depuis sept heures du soir jusques à dix, où le roi se mettait à table. La soirée commençait par la musique ; il y avait des tables de jeu dans toutes les pièces, un lansquenet, où le dauphin et Monsieur, frère du roi, jouaient toujours un billard ; en un mot, liberté entière de faire des parties avec qui on voulait. Au delà du billard se trouvait une pièce destinée aux rafraîchissements. Les courtisans se pressaient au souper et au coucher du roi, comme à son dîner et à son lever. C'était au souper que le roi nommait les seigneurs privilégiés qui devaient l'accompagner à Marly. On regardait comme un insigne honneur d'être désigné pour tenir le bougeoir au petit coucher du roi. Quoique le lieu où il se déshabillait fût fort éclairé, dit Saint-Simon, l'aumônier du jour, qui tenait, à la prière du soir, un bougeoir allumé, le rendait après au premier valet de chambre, qui le portait devant le roi venant à son fauteuil. Il jetait un coup d'œil tout autour, et nommait tout haut un de ceux qui y étaient, à qui le premier valet de chambre donnait le bougeoir. C'était une faveur et une distinction qui se comptait, tant le roi avait l'art de donner l'être à des riens ! Il ne le donnait qu'à ce qui était là de plus distingué en dignité et en naissance ; souvent il me le donnait, rarement à des ambassadeurs, si ce n'est au Nonce et, dans les derniers temps, à l'ambassadeur d'Espagne. On était son gant, on s'avançait, on tenait ce bougeoir pendant le coucher, qui était fort court, puis on le rendait au premier valet de chambre. »

Le roi s'entretient avec les personnalités aux charges conséquentes, maugrée, se satisfait de certaines situations, mais surtout garde tout en mémoire. En sortant de sa chambre, certains ont la mine des mauvais jours, d'autres resplendissent.

La Montespan aux cochons et aux chiens

On raconte qu'à sa mort, à Bourbon-l'Archambault, où elle était en cure, la maîtresse de Louis XIV, madame de Montespan

(1640-1707) voulait léguer ses entrailles au prieuré de Saint-Menoux, à quelque huit kilomètres de là. Son fils n'en veut pas, pas plus que le roi. Les entrailles de l'ancienne favorite du Roi-Soleil sont donc placées dans une urne et confiées à un berger qui doit s'en aller les déposer au prieuré. L'odeur qui émane de l'urne est telle que le berger n'y tient plus. Il jette les entrailles aux cochons et aux chiens qui illico les dévorent avec gourmandise ! Une bien triste fin pour celle qui fut l'égérie de nombreux auteurs de l'époque qu'elle protégeait, comme Jean de La Fontaine (1621-1695), qui lui dédicacera une partie de ses fameuses fables :

L'apologue est un don qui vient des Immortels ;
Ou, si c'est un présent des hommes,
Quiconque nous l'a fait mérite des autels :
Nous devons, tous tant que nous sommes,
Ériger en divinité
Le sage par qui fut ce bel art inventé.
C'est proprement un charme : il rend l'âme attentive,
Ou plutôt il la tient captive,
Nous attachant à des récits
Qui mènent à son gré les cœurs et les esprits.
Ô vous qui l'imitez, Olympe, si ma muse
A quelquefois pris place à la table des dieux,
Sur ses dons aujourd'hui, daignez porter les yeux ;
Favorisez les jeux où mon esprit s'amuse.
Le temps qui détruit tout, respectant votre appui,
Me laissera franchir les ans dans cet ouvrage :
Tout auteur qui voudra vivre encore après lui
Doit s'acquérir votre suffrage.
C'est de vous que mes vers attendent tout leur prix :
Il n'est beauté dans nos écrits
Dont vous ne connaissiez jusques aux moindres traces.
Eh ! Qui connaît que vous les beautés et les grâces ?
Paroles et regards, tout est charme dans vous.

Ma muse, en un sujet si doux,
Voudrait s'étendre davantage ;
Mais il faut réserver à d'autres cet emploi ;
Et d'un plus grand maître que moi
Votre louange est le partage.
Olympe, c'est assez qu'à mon dernier ouvrage
Votre nom serve un jour de rempart et d'abri.
Protégez désormais le livre favori
Par qui j'ose espérer une seconde vie ;
Sous vos seuls auspices ces vers
Seront jugés, malgré l'envie,
Dignes des yeux de l'univers.
Je ne mérite pas une faveur si grande.
La fable en son nom la demande :
Vous savez quel crédit ce mensonge a sur nous.
S'il procure à mes vers le bonheur de vous plaire,
Je croirai lui devoir un temple pour salaire :
Mais je ne veux bâtir des temples que pour vous.

Drôle de binette

À Versailles, il y avait un cabinet des Perruques. Le roi possédait un nombre impressionnant de ces fausses chevelures alors en vigueur. À toute heure du jour, le souverain porte une perruque. Pas toujours la même, bien entendu. Pour le réveil, sa perruque est plate et rase. En journée, ses faux cheveux s'allongent et sont plus bouclés. Le soir, pour les repas et les jeux, la perruque continue d'être portée longue.

En revanche, dès que le roi part à la chasse, hop ! les cheveux de la perruque à nouveau rétrécissent. Tout le monde se met à la perruque pour l'occasion.

Il faut dire que le roi n'est pas avare de coiffures plus ou moins originales, toujours plus hautes. Les perruques sont réalisées à base de vrais cheveux (ce qui fit l'objet d'ailleurs d'un véritable trafic : Colbert essaiera de limiter les excès de ces achats faits à l'étranger pour répondre à l'énorme demande). Ces postiches du roi sont dits « à fenêtre », ce qui signifie qu'il pouvait laisser passer son abondante chevelure au travers des perruques !

Plus tard, il adoptera enfin une perruque complète, décidant de se raser définitivement la tête. Plus pratique ! On parle alors de perruque « à cheveux vifs ». « Monseigneur, écrit Dangeau, a encore fait raser ses cheveux, qui étaient revenus plus beaux que jamais. Il trouve la perruque plus commode. » Mais la mode, globalement, durant le règne de Louis XIV, sera de produire des perruques toujours plus hautes. Les boucles s'ajoutent, s'adjoignent, ce sont les coiffures « in folio », ou royales. On parle de coiffure à la « Fontanges », en référence à une demoiselle de la cour reconnue pour ses péripéties capillotractées et séparées en deux pointes, mais aussi en « binette », c'est-à-dire à trois pointes. Tout un savoir-faire ! D'ailleurs, cette dernière création est due à un homme qui laissa son nom dans notre langage… Effectivement, le perruquier le plus connu de Louis XIV à Versailles se nomme… Binet !

De là proviendrait l'expression « drôle de binette ». Ce monsieur Binet recherchait partout en France les cheveux. *« Je prélèverais toutes les têtes du royaume pour parer celle de Sa Majesté »*, disait-il. Il était même prêt à tondre les morts ! Le barbier-perruquier avait la charge de peigner, laver les cheveux et gérer les perruques du roi, au lever, après la chasse, après le jeu de paume, les repas, le coucher, etc. La mode les fit blondes, brunes, puis saupoudrées d'amidon et enfin de poudre de Chypre, pour donner cet aspect blanchâtre.

PETIT INVENTAIRE DES NOMS DE CHEVELURE (À L'ÉPOQUE DE LOUIS XIV, PUIS SOUS LES RÈGNES DE SES SUCCESSEURS)

La brigadière (chez les militaires)
La moutonne
La bichonne (pour les petites maîtresses et les bambins).
La robin
La cavalière
La financière (à l'espagnole, à la carrée, à la nouée, à la naturelle)
Les perruques de palais
Les perruques à oreilles
Les perruques à la circonstance
Les perruques à la brisée
Les perruques à la grecque
Les perruques en bonnet
Les perruques à rosette
Les perruques à cadogan (ou catogan)
Les perruques à la Panurge
Les perruques à trois marteaux

Autant de coiffes gérées par les barbiers perruquiers du roi. L'originalité de leur tâche était d'être achetée et non acquise à coups de diplômes. Elle pouvait donc se transmettre de père en fils. La famille Binet fait partie de ceux-là. Si Benoît Binet, le perruquier de Louis XIV, fut exemplaire, son fils François le suivit, avant de se faire remarquer auprès du maréchal de Villars, et surtout de devenir le premier valet de chambre du Dauphin.

Un vrai talent que cette famille, tout entière tournée vers le service royal, contre quelques avantages financiers tout de même ! François Binet, d'ailleurs, eut l'heur de se faire construire un hôtel particulier à Versailles, avantage non négligeable, réservé le plus souvent aux grandes fortunes du royaume.

En revanche, le déshonneur s'abattit sur le petit-fils de Benoît Binet, dont la femme, au service de la Dauphine, vola quelques effets personnels et même un diamant !

La *success story* de la famille Binet s'arrêta là.

Des bardaches et des tribades au château

À la mort du frère de Louis XIV, Philippe d'Orléans (1640-1701), appelé Monsieur, les chansonniers s'en donnèrent à cœur joie. L'une des chansons de l'époque donnait : « Philippe est mort la bouteille à la main ;/Le proverbe est fort incertain/Qui dit que l'homme meurt comme il vit d'ordinaire ;/Il nous montre bien le contraire,/Car s'il fût mort comme il avait vécu/Il serait mort le vit au cul. »

Pour le moins… suggestif. Monsieur, dont les atours et les frasques vestimentaires à la cour détonnaient, était homosexuel. Saint-Simon en fit un portrait pour le moins clair : « C'était un petit homme ventru, monté sur des échasses tant ses souliers étaient hauts, toujours paré comme une femme, plein de bagues, de bracelets et de pierreries partout, avec une longue perruque toute étalée devant, noire et poudrée et des rubans partout où il pouvait mettre, plein de sortes de parfums et en toutes choses la propreté même. On l'accusait de mettre imperceptiblement du rouge… »

Son compagnon de jeu n'était autre que l'abbé de Choisy (1644-1724), qui aimait lui aussi à se travestir. Ses récits des aventures avec le frère de Louis XIV nous permet de comprendre leurs activités : « On m'habillait en fille toutes les fois que le petit Monsieur venait au logis, et il y venait au moins deux ou trois fois la semaine. J'avais les oreilles percées, des diamants, des mouches et toutes les autres petites afféteries auxquelles on s'accoutume fort aisément et dont on se défait fort difficilement. Monsieur, qui aimait tout cela, me faisait toujours cents amitiés. Dès qu'il arrivait, suivi des nièces du cardinal Mazarin, et de quelques filles de la Reine, on le mettait à la toilette, on le coiffait […]. On lui ôtait son justaucorps, pour lui mettre des manteaux de femme et des jupes… »

Le frère du roi s'amuse de ses soirées avec ses favoris,

qu'on nomme aussi des « bardaches ». Parmi les plus connus, notons le prince de Condé, les ducs de Vendôme, de Villars et de Gramont, le prince Eugène de Savoie, les maréchaux de Turenne et d'Huxelles. Pourtant, si le roi a horreur du péché par sodomie, il compte plus d'un pécheur à ses côtés ! D'autant que ce « crime » est encore condamnable par le bûcher à cette époque ! Gare au fils du roi, le comte de Vermandois, un bâtard reconnu et légitimé qui ferait partie de cette « petite Sodome », comme on nommait alors la société secrète homosexuelle du château.

Les tribades n'étaient pas en reste, avec notamment la princesse de Monaco. La princesse Palatine (1652-1722), grande épistolière et témoin de son temps et du château, s'amuse à ce sujet de l'homosexualité au sommet du royaume, elle qui sera d'ailleurs… la femme de Philippe d'Orléans : « Sur ce chapitre, je suis devenue tellement savante ici en France, que je pourrais écrire des livres là-dessus. » Ajoutant d'ailleurs sur le sujet : « Ceux qui, tout en croyant aux Saintes Écritures, n'en sont pas moins entachés de ce vice-là, s'imaginent que ce n'était un péché que tant que le monde n'était pas peuplé. Ils s'en cachent tant qu'ils peuvent pour ne pas blesser le vulgaire, mais entre gens de qualité on en parle ouvertement. Ils estiment que c'est une gentillesse et ne font pas faute de dire que depuis Sodome et Gomorrhe notre Seigneur Dieu n'a plus puni personne pour ce motif. »

Ce fait étant acquis, nul ne pouvait s'en cacher à la cour… La Palatine, qui n'avait pas la langue dans sa poche, était donc aux premières loges pour décrire ce petit monde. Une nuit, elle surprit même Monsieur faisant un usage tout particulier de son chapelet…

« Feu Monsieur m'a fait rire une fois de bon cœur. Il apportait toujours au lit un chapelet d'où pendait une quantité de médailles, et qui lui servait à faire ses prières avant de s'endormir. Quand cela était fini, j'entendis un grand cliquetis de médailles, comme s'il les promenait sous la couverture. Je dis : "Dieu me le pardonne, mais je soupçonne que vous faites promener vos reliques et vos images de la Vierge dans un pays qui lui est inconnu." Monsieur répondit : "Taisez-vous, dormez. Vous ne savez ce que vous dites." Une nuit, je me levai en douceur et je dirigeai la lueur du bougeoir dans le lit comme il promenait ses médailles sous la couverture. Je le saisis par le bras et lui dis en riant : "Pour le coup, vous ne sauriez plus me le nier." Monsieur rit aussi et dit : "Vous qui avez été huguenote, vous ne savez pas le pouvoir des reliques et des images de la Sainte Vierge. Elles garantissent de tout mal les parties qu'on en frotte." Je répondis : "Je vous demande pardon, Monsieur, mais vous ne me persuaderez point que c'est honorer la Vierge que de promener son image sur les parties destinées à ôter la virginité." Monsieur ne put s'empêcher de rire et dit : "Je vous prie, ne le dites à personne." »

Comme le note Bernard Hasquenoph, la Palatine avait une conception du secret plus ou moins lâche. Reste qu'il s'agit là d'épisodes grivois et charmants dont on ne peut que sourire sans chercher à se moquer nécessairement.

Qu'on le garde, mais qu'on ne le tue pas

Le roi sort toujours protégé de quelques courtisans à Versailles. Des sortes de gardes du corps… Ce 5 janvier 1757, alors que Louis XV sort du château, les gentilshommes de sa troupe sont mis à rude épreuve. Louis XV a revêtu un gros manteau. Il vient au château voir sa fille malade. Il est en compagnie du Dauphin, du duc de Richelieu, et du duc d'Ayen. Il faut revenir sur la situation du pays. Louis XV n'est pas en odeur de sainteté du fait de sa vie dissolue et de ses multiples histoires amoureuses, notamment avec la Pompadour, très décriée à la cour. Les relations entre le roi et le parlement de Paris ne sont pas au beau fixe.

C'est dans ce climat économico-politique assez malsain que le roi, alors qu'il s'apprête à rentrer dans son carrosse, est poignardé par un homme qui a gardé son chapeau. Facile à repérer quand tous les autres autour l'ont retiré ! L'homme est vite arrêté. Louis XV pense n'être que frappé, mais la lame a tranché le vêtement, sans non plus provoquer des dégâts vitaux (quelques jours plus tard, le roi reçoit déjà des visiteurs). Il est touché entre la quatrième et la cinquième côte. Il aurait prononcé ces fameux mots : « Qu'on le garde, mais qu'on ne le tue pas. »

Le régicide répondait au nom de Damiens. La lame

utilisée n'était pas empoisonnée. Soulagement dans l'assemblée. Mais stupeur. Pourquoi ce geste ? Tout le monde a en tête Ravaillac et Henri IV. On parle de Damiens comme d'un membre proche du Parlement. Peut-être. À moins que ce ne soit un acte isolé. Sans doute. Mais le roi prend acte de ce geste qui touche directement non plus seulement sa personne, mais toute la royauté en son cœur. Et surtout son fonctionnement ! Damiens fut condamné à mort et exécuté dans des conditions atroces le 28 mars 1757.

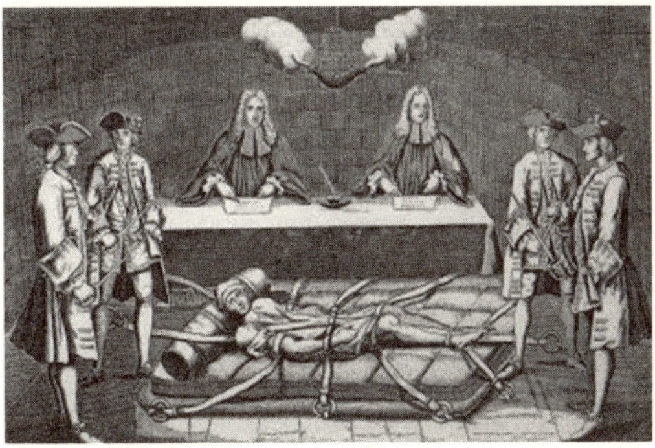

Qui est Thétis ?

On trouvait autrefois dans les jardins de Versailles la « grotte de Thétis », l'un des chefs-d'œuvre baroques de l'époque, édifiée autour de 1664 et détruite en 1684. Mais qui est précisément Thétis ? Néréide (sorte de nymphe marine), Thétis est liée à la mythologie grecque. Elle est surtout la mère d'Achille, qui trempa son fils par le pied dans les eaux du Styx, selon la légende, ce qui le rendit inatteignable sauf au fameux talon…

Ces nymphes marines étaient célébrées autour des sources où l'eau surgissait. Un peu comme dans cette grotte du château de Versailles, imaginée par l'auteur des *Contes de ma mère l'Oye*, Charles Perrault, où des orgues hydroliques jouaient une douce symphonie autour d'Apollon. Cette sculpture d'Apollon par Girardon et Regnaudin, servie par les nymphes, en marbre, est un chef-d'œuvre du genre. Jean de La Fontaine se servira de l'endroit pour le cadre de certaines scènes de sa réinterprétation du fameux mythe de la Belle et la Bête dans ses *Amours de Psyché et de Cupidon* au cours d'une balade à travers le jardin de Versailles. Les quatre amis en goguette s'arrêtent, l'un d'eux, Poliphile, raconte ces fameux « amours » auprès de la grotte, donnant par là même une présentation de l'endroit…

Description de la Grotte de Versailles,
par Jean de La Fontaine

Dans l'un, le dieu du jour acheve sa carrière.
Le sculpteur a marqué ces longs traits de lumière,
Ces rayons dont l'éclat dans les airs s'épanchant
Peint d'un si riche émail les portes du couchant.
On voit aux deux côtés le peuple d'Amathonte
Préparer le chemin sur des dauphins qu'il monte.
Chaque Amour à l'envi semble se réjouir
De l'approche du dieu dont Thétis va jouir.
Des troupes de zéphyrs dans les airs se promènent ;
Les Tritons empressés sur les flots vont et viennent.
Le dedans de la grotte est tel que les regards
Incertains de leur choix courent de toutes parts.
Tant d'ornements divers, tous capables de plaire,

Font accorder le prix tantôt au statuaire,
Et tantôt à celui dont l'art industrieux
Des trésors d'Amphitrite a revêtu ces lieux.
La voûte et le pavé sont d'un rare assemblage ;
Ces cailloux que la mer pousse sur son rivage,
Ou qu'enferme en son sein le terrestre élément,
Différents en couleur font maint compartiment.
Au haut de six piliers d'une égale structure,
Six masques de rocaille, à grotesque figure,
Songes de l'art, démons bizarrement forgés,
Au-dessus d'une niche en face sont rangés.
De mille raretés la niche est toute pleine.
Un Triton d'un côté, de l'autre une Sirène,
Ont chacun une conque en leurs mains de rocher.
Leur souffle pousse un jet qui va loin s'épancher.
Au haut de chaque niche un bassin répand l'onde :
Le masque la vomit de sa gorge profonde.
Elle retombe en nappe, et compose un tissu
Qu'un autre bassin rend sitôt qu'il l'a reçu.
Le bruit, l'éclat de l'eau, sa blancheur transparente,
D'un voile de crystal alors peu différente,
Font goûter un plaisir de cent plaisirs mêlé.
Quand l'eau cesse, et qu'on voit son crystal écoulé,
La nacre et le corail en réparent l'absence :
Morceaux pétrifiés, coquillage, croissance,
Caprices infinis du hasard et des eaux,
Reparaissent aux yeux plus brillants et plus beaux.
Dans le fond de la grotte une arcade est remplie
De marbres à qui l'art a donné de la vie.
Le dieu de ces rochers, sur une urne penché,
Goûte un morne repos, en son antre couché.
L'urne verse un torrent ; tout l'antre s'en abreuve.
L'eau retombe en glacis, et fait un large fleuve.
J'ai pu jusqu'à présent exprimer quelques traits
De ceux que l'on admire en ce moite palais ;
Le reste est au-dessus de mon faible génie.
Toi qui lui peux donner une force infinie,

Dieu des vers et du jour, Phébus, inspire-moi :
Aussi bien désormais faut-il parler de toi.
Quand le Soleil est las, et qu'il a fait sa tâche,
Il descend chez Thétis, et prend quelque relâche.
C'est ainsi que Louis s'en va se délasser
D'un soin que tous les jours il faut recommencer.
Si j'étais plus savant en l'art de bien écrire,
Je peindrais ce monarque étendant son empire :
Il lancerait la foudre ; on verrait à ses pieds
Des peuples abattus, d'autres humiliés.
Je laisse ces sujets aux maîtres du Parnasse :
Et pendant que Louis, peint en dieu de la Thrace,
Fera bruire en leurs vers tout le sacré vallon,
Je le célébrerai sous le nom d'Apollon.
Ce dieu, se reposant sous ces voûtes humides,
Est assis au milieu d'un chœur de Néréides.
Toutes sont des Vénus de qui l'air gracieux
N'entre point dans son cœur, et s'arrête à ses yeux.
Il n'aime que Thétis, et Thétis les surpasse.
Chacune en le servant fait office de Grâce.
Doris verse de l'eau sur la main qu'il lui tend.
Chloé dans un bassin reçoit l'eau qu'il répand.
À lui laver les pieds Mélicerte s'applique.
Delphire entre ses bras tient un vase à l'antique.
Climène auprès du dieu pousse en vain des soupirs :
Hélas ! c'est un tribut qu'elle envoie aux zéphyrs.

Elle rougit parfois, parfois baisse la vue ;
Rougit, autant que peut rougir une statue :
Ce sont des mouvements qu'au défaut du sculpteur
Je veux faire passer dans l'esprit du lecteur.
Parmi tant de Beautés, Apollon est sans flamme.
Celle qu'il s'en va voir seule occupe son âme.
Il songe au doux moment où libre et sans témoins
Il reverra l'objet qui dissipe ses soins.
Oh ! qui pourrait décrire en langue du Parnasse
La majesté du dieu, son port si plein de grâce,
Cet air que l'on n'a point chez nous autres mortels,
Et pour qui l'âge d'or inventa les autels !
Les coursiers de Phébus, aux flambantes narines,
Respirent l'ambroisie en des grottes voisines ;
Les Tritons en ont soin : l'ouvrage est si parfait
Qu'ils semblent panteler du chemin qu'ils ont fait.
Aux deux bouts de la grotte et dans deux enfonçures
Le sculpteur a placé deux charmantes figures.
L'une est le jeune Acis, aussi beau que le jour :
Les accords de sa flûte inspirent de l'amour.
Debout contre le roc, une jambe croisée,
Il semble par ses sons attirer Galatée ;
Par ses sons, et peut-être aussi par sa beauté.
Le long de ces lambris un doux charme est porté.
Les oiseaux, envieux d'une telle harmonie,
Épuisent ce qu'ils ont et d'art et de génie.
Philomèle à son tour veut s'entendre louer,
Et chante par ressorts que l'onde fait jouer.
Écho même répond, Écho toujours hôtesse
D'une voûte ou d'un roc témoin de sa tristesse.
L'onde tient sa partie. Il se forme un concert
Où Philomèle, l'eau, la flûte, enfin tout sert.
Deux lustres de rocher de ces voûtes descendent.
En liquide crystal leurs branches se répandent :
L'onde sert de flambeaux ; usage tout nouveau.
L'art en mille façons a su prodiguer l'eau.
D'une table de jaspe un jet part en fusée ;

Puis en perles retombe, en vapeur, en rosée.
L'effort impétueux dont il va s'élançant
Fait frapper le lambris au crystal jaillissant :
Telle et moins violente est la balle enflammée.
L'onde malgré son poids dans le plomb renfermée
Sort avec un fracas qui marque son dépit,
Et plaît aux écoutants plus il les étourdit.
Mille jets, dont la pluie à l'entour se partage,
Mouillent également l'imprudent et le sage.
Craindre ou ne craindre pas à chacun est égal :
Chacun se trouve en butte au liquide crystal.
Plus les jets sont confus, plus leur beauté se montre.
L'eau se croise, se joint, s'écarte, se rencontre,
Se rompt, se précipite à travers les rochers,
Et fait comme alambics distiller leurs planchers.
Niches, enfoncements, rien ne sert de refuge.
Ma muse est impuissante à peindre ce déluge :
Quand d'une voix de fer je frapperais les cieux,
Je ne pourrais nombrer les charmes de ces lieux.

Chapeau bas

Il existait des règles de bienséance à Versailles, ce qu'on nommait traditionnellement « l'étiquette », qu'il fallait suivre à la lettre. Ou au mieux en tout cas ! *Le Cérémonial françois,* recueilli par Théodore Godefroy, et mis en lumière par Denys Godefroy, a justement récapitulé les 19 règles à respecter lorsqu'on se trouvait face au roi.

1. Parler au couvert ou découvert.
2. Avoir le tabouret devant la reine.
3. Les gardes du roi en armes.
4. Le titre d'Excellence.
5. Envoyer au-devant pour la réception à l'audience.
6. Reconduire après l'audience.
7. Faire mener par des princes à l'audience, ou par des maréchaux de France.
8. Avoir la main droite ou gauche étant avec les princes, princesses et les principaux ministres d'État dans leurs logis.
9. Valeur des dons selon la qualité des princes.
10. Débats de préséance entre les ambassadeurs.
11. Diversité des sièges, chaire, escabeau.
12. Le roi venir au-devant, ou demeurer dans sa chaire.
13. Ambassadeurs ordinaires, et extraordinaires, résidents et gentilshommes, envoyés.
14. Avoir le carrosse du roi et de la reine, ou ne l'avoir point.
15. Baiser les princesses.
16. Être servi par un maître d'hôtel du roi, le bâton à la main.
17. Des ambassadeurs qui passent pour aller autre part.
18. Le roi et la reine baiser.
19. À qui le premier s'entrevisitera.

Autant de règles et de bienséances qu'il fallait respecter à la lettre sous peine tout simplement de ne plus jamais être invité ou d'être banni (ce qui revient au même !) socialement…

Quelques personnes firent des entorses à ces règles, le jardinier Le Nôtre en tête, qui gardait son chapeau face au roi, mais à qui le roi pardonnait tout ou presque avec une certaine bonhomie, voire amitié. Quant aux ambassadeurs, il était de coutume qu'ils gardent le leur. Le port du chapeau est terriblement réglementé. Louis XIV, souvent, à l'intérieur, le retire, sauf pour les grandes manifestations, et le place illico sur sa tête dès qu'il sort du château. C'est aussi grâce au chapeau que l'on retrouvera dans la foule, parce qu'il ne l'avait pas retiré face au roi, le régicide Damiens, qui venait de poignarder Louis XV…

La montre de Marie-Antoinette dans son tulipier

Pour le moins étrange, ce titre… Mais il résume à merveille cette histoire rocambolesque, aux rebondissements temporels dignes des meilleures histoires. Songeons un peu que l'horloger Breguet reçut en 1783 une commande d'un genre spécial, en provenance d'un officier des gardes de la reine. Cet officier souhaitait tout simplement faire créer la montre la plus compliquée du monde, avec toutes les innovations de l'époque. Rien que ça ! Mieux : partout où cela était possible, on devait utiliser de l'or. Il n'y avait aucune restriction d'argent ou de temps (pour une montre, un comble !) à cette création.

Chez Breguet, on ne connaît pas le commanditaire final de cette montre extraordinaire. On murmure qu'il se pourrait qu'elle puisse « peut-être », « éventuellement », être destinée à… Marie-Antoinette. En attendant, c'est une commande unique. Breguet, dont le savoir-faire a récemment été remarqué à travers différentes pièces particulières, modernes, se met à la tâche. Il choisit de créer une montre automatique, avec toutes les indications de temps possibles (date, jour, mois, cycles astronomique, calendaire, etc.). Un petit bijou de raffinement que peu d'horlogers peuvent se targuer de savoir mettre en œuvre.

La montre est prête en… 1827. Soit bien après la mort de Marie-Antoinette ! La maison Breguet la baptise la montre n° 160. C'est la montre ultime, la somme d'un savoir-faire, on la surnomme la « Perpétuelle répétition-minutes équation du temps perpétuelle secondes d'un coup ». Les amateurs apprécieront, les novices garderont en tête qu'il s'agit d'un modèle unique et extraordinaire, mélange de platine, de saphir, d'émail blanc, de cristal de roche et d'or, naturellement. Elle coûte alors la bagatelle de 17 000 francs-or. Mais il n'est indiqué nulle part le nom du propriétaire, jusqu'à la révision de la montre en 1838 pour le compte de l'ancien page de Marie-Antoinette, le marquis de la Groye. La suite des péripéties liées à cette montre commence alors. Le marquis meurt et ne peut venir chercher la montre confiée pour « révision », En outre, il n'a pas d'héritier. Ce serait trop simple. La « 160 » est donc précieusement conservée chez Breguet. Elle est vendue à sir Spencer Brunton en 1887, puis léguée à son frère. Elle passe ensuite entre les mains de M. Mark Murray et enfin Sir David Salomons. Sa fille en hérite à son tour. Elle décide de créer un musée d'art islamique à Jérusalem et inclut les collections d'horlogerie de son père. Hélas, en 1983, le musée est cambriolé, et la « 160 » disparaît.

En 1999, la maison Swatch Group avec Nicolas G. Hayek à sa tête, qui possède par ailleurs désormais l'horloger Breguet, décide de refaire cette « montre Marie-Antoinette » à l'identique. Suite à la terrible tempête qui a dévasté le château de Versailles, le tulipier de Virginie de Marie-Antoinette est bon à abattre. Nicolas Hayek souhaite en acheter quelques billots, qui serviront d'écrin à la nouvelle version de la « Marie-Antoinette 160 », présentée en 2008. En échange, à la même date, Nicolas Hayek est heureux de présenter également la restauration du Petit Trianon financée grâce à sa compagnie. La boucle est bouclée ! Mais l'histoire ne s'arrête pas là… En novembre 2007, la montre originale est retrouvée.

Tout est bien qui finit donc *très* bien.

Compte rendu de chantier à Trianon

À l'origine, Trianon est un petit village à côté de Versailles. Le roi Louis XIV en fait l'acquisition et rase l'ensemble. Plutôt radical. Il demande alors à l'architecte Le Vau de concevoir un édifice léger, loin de la grandeur du château. L'ensemble est construit en bois au début des années 1670, mais est surtout recouvert de faïence bleue et blanche pour l'édifice central, reprenant pour exemple les bâtisses entrevues par les missionnaires en Asie, notamment en Chine. Le toit peint reprend l'imitation de la faïence. La faïence utilisée est achetée en Hollande, à Delft. Ainsi, on parle rapidement de « Trianon de porcelaine ». Notons au passage l'usage inapproprié de porcelaine pour décrire de la faïence !

Le roi vient s'y promener, prendre son goûter. On dit

même qu'il y abrite quelques amours clandestines. C'est en tout cas un lieu de passage plaisant. Louis XIV lance ainsi la mode du « Trianon ». Tout le monde en veut un à son tour ! Le roi s'y rend souvent à pied, mais aussi en bateau sur le Grand Canal. Et parfois les collations se poursuivent tard sous les treilles. C'est un endroit terriblement charmant ! Cependant, comme les maîtresses royales, il résiste mal au temps. Le roi décide donc de le détruire. C'est ainsi que Jules Hardouin-Mansart (1646-1708) érige un « Trianon de marbre » à la place, un bâtiment plus bas, et construit autour des parterres, en pierres roses, plus majestueux.

Place désormais au Grand Trianon. On y découvre toute l'élégance à l'italienne, les odeurs ravissantes des orangers et autres arbres odoriférants qui font la joie des différents hôtes, de la princesse Palatine, la belle-sœur de Louis XIV, qui y habitera, à Marie-Antoinette ou Napoléon Bonaparte, qui restaurera l'ensemble, jusqu'à plus récemment Charles de Gaulle, qui y accueillera durant sa présidence quelques-uns des invités de la République française. Mais la construction du Grand Trianon ne fut pas sans désagrément, immédiatement pointé par Louis XIV. Voici l'extrait des *Mémoires* de Saint-Simon, déguisé en compte rendu de réunion de chantier !

« La guerre de 1688 eut une étrange origine, dont l'anecdote, également certaine et curieuse, est si propre à caractériser le Roi et Louvois, son ministre, qu'elle doit tenir place ici. Louvois, à la mort de Colbert, avait eu sa surintendance des bâtiments. Le petit Trianon de porcelaine, fait autrefois pour Mme de Montespan, ennuyait le Roi, qui voulait partout des palais. Il s'amusait fort à ses bâtiments. Il avait aussi le compas dans l'œil, pour la justesse, les proportions, la symétrie ; mais le goût n'y répondait pas, comme on le verra ailleurs. Ce château ne faisait presque que sortir de terre, lorsque le Roi s'aperçut d'un défaut à une croisée qui s'achevait de former, dans la longueur du rez-de-chaussée. Louvois, qui naturellement était brutal, et de plus gâté jusqu'à souffrir difficilement d'être repris par son maître, disputa fort, et maintint que la croisée était bien. Le Roi tourna le dos, et s'alla promener ailleurs dans le bâtiment. Le lendemain il trouva Le Nôtre, bon architecte, mais fameux par le goût des jardins, qu'il a commencé à introduire en France et dont il a porté la perfection au plus haut point. Le Roi lui demanda s'il avait été à Trianon ; il répondit que non. Le Roi lui expliqua ce qui l'avait choqué, et lui dit d'y aller. Le lendemain même question, même réponse ; le jour d'après, autant. Le Roi vit bien qu'il n'osait s'exposer à trouver qu'il eût tort, ou à blâmer Louvois. Il se fâcha, et lui ordonna de se trouver le lendemain à Trianon lorsqu'il y irait, et où il ferait trouver Louvois aussi. Il n'y eut plus moyen de reculer. Le Roi les trouva le lendemain tous deux à Trianon. Il y fut d'abord question de la fenêtre. Louvois disputa ; Le Nôtre ne disait mot. Enfin le Roi lui ordonna d'aligner, de mesurer, et de dire après ce qu'il aurait trouvé. Tandis qu'il travaillait, Louvois, en furie de cette vérification, grondait tout haut, et soutenait avec aigreur que cette fenêtre était en tout pareille aux autres ; le Roi se taisait et attendait, mais il souffrait. Quand tout fut bien examiné, il demanda à Le Nôtre ce qui en était, et Le Nôtre à balbutier. Le Roi se mit en colère et lui commanda de parler net. Alors Le Nôtre avoua que le Roi avait raison, et dit ce qu'il avait trouvé de défaut. Il n'eut pas plus tôt achevé, que le Roi, se tournant à Louvois, lui dit qu'on ne pouvait tenir à ses opiniâtretés ; que, sans la sienne à lui, on aurait bâti de travers, et qu'il aurait fallu tout abattre aussitôt que le bâtiment aurait été achevé. En un mot, il lui lava fortement la tête.

Louvois, outré de la sortie et de ce que courtisans, ouvriers et valets en avaient été témoins, arrive chez lui furieux. Il y trouva Saint-Pouenge, Villacerf, le chevalier de Nogent, les deux Tilladets, quelques autres féaux intimes, qui furent bien alarmés de le voir en cet état. "C'en est fait, leur dit-il, je suis perdu avec le Roi, à la façon dont il vient de me traiter pour une fenêtre. Je n'ai de ressources qu'une guerre qui le détourne de ses bâtiments et qui me rende nécessaire ; et par… ! il l'aura." En effet, peu de mois après il tint parole, et, malgré le Roi et les autres puissances, il la rendit générale. »

La joueuse de tympanon

Au Musée des arts et métiers à Paris figure une drôle de jeune femme assise face à un instrument de musique. Cette joueuse de tympanon, un instrument de la famille des cithares, cache sous sa robe fragile un mécanisme très élaboré, sorte de boîte à musique améliorée, actionnée par cet automate aux traits humains très délicats, dont on dit qu'ils auraient ceux de la reine Marie-Antoinette. Cette création fut réalisée par l'horloger Peter Kintzing (1746-1816) et l'ébéniste du roi David Rœntgen (1743-1807) en 1784, puis présentée à Marie-Antoinette, qui en fit l'acquisition l'année suivante pour l'Académie des sciences. La légende veut que les cheveux de l'androïde soient ceux de la reine et que sa robe fût découpée dans l'une des robes royales. À voir ! Les sons obtenus proviennent de mailloches frappant des cordes. Cette œuvre raffinée montre l'intérêt que la connaissance du corps humain suscitait parmi les artistes, artisans, chercheurs et scientifiques.

Lully, l'ancien domestique, ambitieux père de l'opéra français

L'Italien d'origine florentine Jean-Baptiste Lully (1632-1687) arrive en France en 1643, auprès de la Grande Mademoiselle (1627-1693), petite-fille d'Henri

IV, conseillée par le duc de Guise. Tout d'abord domestique, Lully découvre avec une sagacité remarquable les instruments de musique et surtout leur usage. Ainsi maîtrise-t-il rapidement la guitare, le violon, le clavecin et même la danse.

En 1653, il compose *Le Ballet de la nuit* qu'il exécute tout simplement… avec le roi ! Car le roi danse également. Très vite, le monarque apprécie et loue les services de cet homme attachant mais colérique. Un très bon stratège, aussi, dans les travées du château à Versailles, un courtisan sachant manier la ruse et la rumeur. C'est ainsi, entre autres, qu'il parvient à ses fins et devient surintendant de la Musique à la cour. C'est ainsi aussi que Lully se lance, crée et développe tout simplement de nouveaux genres de musique, comme la comédie-ballet avec Molière. Ils collaborent ensemble sur dix pièces :

1. *Les Fâcheux* (1661).
2. *La Princesse d'Élide* (1664).
3. *L'Amour médecin* (1665).
4. *Ballet des Muses, Mélicerte* (1666).
5. *Ballet des Muses : Pastorale comique* (1667).
6. *Le Sicilien ou l'Amour peintre* (1667).
7. *Monsieur de Pourceaugnac* (1669).
8. *Les Amants magnifiques* (1670).
9. *Le Bourgeois gentilhomme* (1670).
10. *Psyché* (1671).

Lully donne ses lettres de noblesse au motet, déjà existant, dont le genre « explose » à Versailles sous sa coupe, un style musical a capella. Vient aussi ensuite la tragédie lyrique, un autre genre prisé à la cour, qui danse, chante et fait la fête. Par contre, le style adopté par Lully n'est pas un style minimaliste, mais un style officiel, marquant la gloire de Louis XIV et de son pouvoir, un style aussi très rigoureux. Pas de fanfreluches, un style classique célébré au service du roi.

En 1681, Lully devient carrément le secrétaire de Louis XIV, non sans avoir laissé quelques camarades sur le bas-côté pour arriver à ses fins. On se souvient de sa brouille avec Molière. Il a également tout simplement pris la place de Marc-Antoine Charpentier à l'Académie royale de musique et s'est mis à dos son ami Jean de La Fontaine devant lequel, en présence du roi, il critiqua ses vers à propos de *Daphné*, un livret que Lully jugea bon pour, dit-il, la « chaise percée ». Ce qui lui valut, en retour, ce joli poème composé par La Fontaine à propos de son collègue de travail…

Le Florentin
Montre à la fin
Ce qu'il sait faire :
Il ressemble à ces loups qu'on nourrit, et fait bien :
Car un loup doit toujours garder son caractère,
Comme un mouton garde le sien.
J'en étais averti ; l'on me dit : « Prenez garde ;
Quiconque s'associe avec lui se hasarde ;
Vous ne connaissez pas le Florentin ;
C'est un paillard, c'est un mâtin
Qui tout dévore,
Happe tout, serre tout : il a triple gosier.
Donnez-lui, fourrez-lui, le glout demande encore :

Le Roi même aurait peine à le rassasier. »
Malgré tous ces avis, il me fit travailler ;
Le paillard s'en vint réveiller
Un enfant des neuf Sœurs, enfant à barbe grise,
Qui ne devait en nulle guise
Être dupe ; il le fut, et le sera toujours :
Je me sens né pour être en butte aux méchants tours ;
Vienne encore un trompeur, je ne tarderai guère.
Celui-ci me dit : « Veux-tu faire,
Presto, presto, quelque opéra,
Mais bon ? ta Muse répondra
Du succès par-devant notaire.
Voici comment il nous faudra
Partager le gain de l'affaire :
Nous en ferons deux lots, l'argent et les chansons ;
L'argent pour moi, pour toi les sons ;
Tu t'entendras chanter, je prendrai les testons ;
Volontiers je paye en gambades :
J'ai huit ou dix trivelinades
Que je sais sur mon doigt ; cela joint à l'honneur
De travailler pour moi, te voilà grand seigneur. »
Peut-être n'est-ce pas tout à fait sa harangue,
Mais s'il n'eut ces mots sur la langue,
Il les eut dans le cœur. Il me persuada ;
À tort, à droit, me demanda
Du doux, du tendre, et semblables sornettes,
Petits mots, jargons d'amourettes
Confits au miel ; bref, il m'enquinauda.
Je n'épargnai ni soins ni peines
Pour venir à son but et pour le contenter :
Mes amis devaient m'assister ;
J'eusse, en cas de besoin, disposé de leurs veines.
« Des amis ! disait le glouton,
En a-t-on ?
Ce gens te tromperont, ôteront tout le bon,
Mettront du mauvais en la place. »
Tel est l'esprit du Florentin :
Soupçonneux, tremblant, incertain,

Jamais assez sûr de son gain,
Quoi que l'on dise ou que l'on fasse.
Je lui rendis en vain sa parole cent fois ;
Le b… avait juré de m'amuser six mois.
Il s'est trompé de deux : mes amis, de leur grâce,
Me les ont épargnés, l'envoyant où je crois
Qu'il va bien sans eux et sans moi.
Voilà l'histoire en gros : le détail a des suites
Qui valent bien d'être déduites,
Mais j'en aurais pour tout un an ;
Et je ressemblerais à l'homme de Florence,
Homme long à conter, s'il en est un en France.
Chacun voudrait qu'il fût dans le sein d'Abraham ;
Son architecte, et son libraire,
Et son voisin, et son compère,
Et son beau-père,
Sa femme, et ses enfants, et tout le genre humain,
Petits et grands, dans leurs prières,
Disent le soir et le matin :
« Seigneur, par vos bontés pour nous si singulières,
Délivrez-nous du Florentin. »

Le caractère bien trempé de Lully le poursuit encore et toujours. Les critiques qui osent apporter des réserves quant à son œuvre connaissent les volées de bois vert dont il est capable. Pire : il donne des coups de pied à une cantatrice enceinte.

Raison invoquée : cela retarde le bon déroulement des répétitions et les représentations. Ses relations homosexuelles ternissent aussi son image à la cour. Pourtant, Louis XIV le protège encore et toujours.

Louis XIV, malade, recouvre la santé, et Lully décide de célébrer ce retour par un *Te Deum.* Au cours de l'interprétation, avec sa canne, il se transperce le pied. Il refuse d'être amputé. La gangrène le gagne. Il meurt quelque temps plus tard.

L'art de plaire à la cour

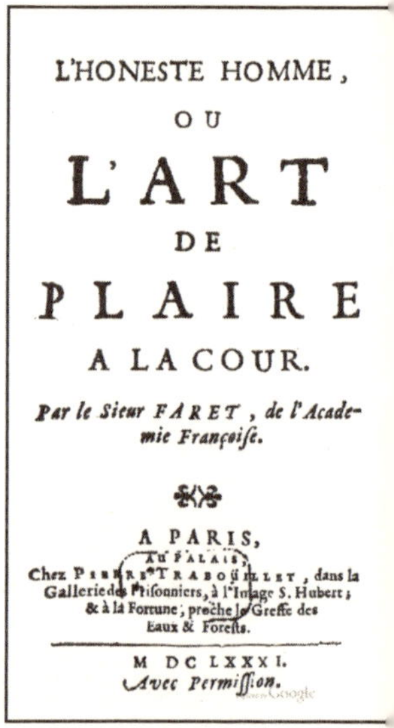
L'HONESTE HOMME,

OU

L'ART

DE

PLAIRE

A LA COUR.

Par le Sieur FARET, de l'Academie Françoise.

A PARIS,

Au Palais,

Chez Pierre Traboüillet, dans la Gallerie des Prisonniers, à l'Image S. Hubert; & à la Fortune, proche le Greffe des Eaux & Forests.

M DC LXXXI.

Avec Permission.

Ceci est le titre d'un ouvrage de Nicolas Faret (1596-1646), protégé de Richelieu (1585-1642), paru en 1630 et décrivant un idéal moral et social. Ceci permit aux courtisans à la cour d'adapter leur discours et surtout de ne pas commettre d'impair. Seriez-vous aujourd'hui capable d'être un honnête homme ? Voici quelques recommandations tirées entre autres de l'ouvrage de Faret. L'honnête homme doit avoir une culture générale très développée, doit briller de toutes les manières mais surtout en maîtrisant ses passions. Il a une haute idée des valeurs sociales, morales et intellectuelles. Il recherche le contrôle et le juste milieu des choses. L'autre aspect primordial est l'altruisme. Il s'agit de briller, certes, mais avec la juste mesure. Le portrait idéal d'un gentilhomme ouvert et loin de toute pédanterie. Il s'agit pour cela d'afficher sans cesse un visage affable, ouvert, et être vêtu élégamment sans excès. À vous de jouer désormais…

Un bleu suicidaire

Rendez-vous dans le salon d'Hercule, l'une des pièces les plus remarquables du château de Versailles et de cette suite d'appartements de « parade », où l'on recevait les étrangers et autres invités du château. L'apparat comptait donc énormément ; il fallait immédiatement impressionner son interlocuteur. Ce salon est le dernier réalisé sous Louis XIV, où fut placé le superbe tableau de Véronèse, offert au roi, *Le Repas chez Simon.* Ce salon a été placé à l'endroit où s'élevait autrefois la Chapelle royale, détruite en 1710.

On trouve par ailleurs une superbe cheminée, des cadres de Jacques Verbeckt (1704-1771). Puis c'est l'œuvre de François Le Moyne (1688-1737) qui marque le visiteur. La grandeur de cette scène englobe quiconque lève la tête. Vertigineux en diable ! Cette *Apothéose d'Hercule*, peinte entre 1733 et 1736, commandée par Louis XV, découvre l'Olympe offert à Hercule, voué désormais à l'immortalité. Une prouesse de près de 230 mètres carrés, premier grand « chantier » artistique réalisé sous Louis XV, qui éblouit les invités du mariage de la fille du roi.

On désigne le peintre comme le « nouveau Le Brun », ce qui n'est pas un piètre compliment. Cet homme, qui n'avait aucune appartenance liée à la peinture (son père était postillon), se suicide en 1737. Plusieurs raisons sont évoquées. Déjà, le décès de sa femme, quelque temps auparavant, l'aurait grandement touché. D'autres commentateurs évoquent aussi la fatigue de cet homme pour atteindre à ce résultat hors normes (plus de 140 personnages représentés sur ce plafond !). Une gageure. Enfin, certains avancèrent la ruine, tout simplement. En effet, pour réaliser le bleu de ce trompe-l'œil, Le Moyne aurait investi trois fois plus d'argent qu'on ne lui en avait donné. Désespéré et honteux, cet artiste nommé premier peintre du Roi se transperça le corps à coups d'épée.

Un rhinocéros à Versailles

Si Charles X (1757-1826) est connu pour l'arrivée en France au XIXe siècle de la première girafe, Zarafa, quelques années plus tôt, Louis XV s'est illustré avec l'arrivée le 11 septembre 1770, dans la Ménagerie de Versailles, d'un rhinocéros, qu'il aurait commandé auprès de l'ambassadeur de France à Pondichéry. Après avoir été capturé, vraisemblablement dans la partie nord du Bengale, la région d'Assam, en octobre 1769, la bête est expédiée vers la France sur un navire, le *Duc de Praslin*, qui fait escale sur l'île de France, à savoir la Réunion. On remarque l'animal un peu brutal, mais très doux avec une chèvre… Donc, il y a de l'espoir ! Il arrive huit mois plus tard en France, à Lorient. Il restera à quai de longues semaines sous le regard de deux bouchers [sic], car son transport reste problématique. Quand il parvient à Versailles, dans la Ménagerie, on fait les comptes : 5 388 livres, 10 sous et 10 deniers, une coquette somme pour une bête mesurant plus de 2,50 mètres de long. Sa brutalité ne le quitta point : il tua deux personnes entrées dans son enclos. Il mourut en 1793, peut-être par noyade ou par arme blanche. Il réchappa aux foudres révolutionnaires et passa au travers des évènements. Naturalisé, il fut plus tard « restauré » et figure toujours au Muséum d'histoire naturelle de Paris.

On ne peut pas plaire à tout le monde

Quand Bonaparte devint Empereur, il songea un temps revenir à Versailles. Après une visite des lieux, il s'aperçut de la vétusté de l'endroit, quelque peu laissé à l'abandon. Les soldats malades avaient été logés un temps dans l'aile du Midi, celles des Ministres, et la chambre de Louis XV. Le Petit Trianon avait été investi par un cafetier-limonadier. Bien loin du faste d'antan ! Seul, justement, le Petit Trianon trouvait grâce aux yeux de l'Empereur. Le Grand Trianon devait revenir à « maman Letizia », la mère de Napoléon. Quel honneur finalement que d'offrir à sa mère ces lieux où de si grands rois avaient vécu !…

Lors de la visite, la mère de l'Empereur, Maria Letizia Bonaparte (1750-1836) poussa pourtant de grands cris de récrimination. « Quoi ! Ça ! La demeure de la mère de l'Empereur ! » L'une de ses critiques porta sur le fait que sa chambre ne disposait pas de… toilettes toutes proches ! Napoléon fit marche arrière et décida de loger sa mère ailleurs immédiatement. Ouf ! On a frôlé l'incident diplomatique… Le Grand Trianon, par contre, plut beaucoup à la sœur de Napoléon, Pauline (1780-1825). C'est en ces lieux qu'elle prit du bon temps, avec ses amis, des connaissances, qu'elle vint même faire la fête. Comme quoi, ce qui déplaisait à la mère, pouvait plaire à la fille…

L'ensemble du domaine devait être restauré, mais les frais engagés n'étaient pas suffisants. Napoléon n'eut pas d'autre choix que de composer avec les créations en place. Pour notre plus grand plaisir encore aujourd'hui !

Poème sur le café à Versailles

Le feu roi a cueilli le fruit du Cafetier
et fait boire sa liqueur à tous ses courtisans
Qui l'ont cru boire du Levant.
Le café parfumé qui naît dans l'Arabie
Où de l'Anachorète il consolait la vie
Et dans un saint loisir lui donnait la liqueur
Dont l'Europe à son tour fait aussi son bonheur,
Sous des toits échauffés de son grain se dégage
Et tel qu'en sa patrie étale son feuillage.
On s'y croit transporté dans les champs d'Yemen,
Le fruit éclos, mûrit, se donne à notre main ;
Et la cour de Louis but la liqueur chérie
Que Versailles donnait, qu'elle crut d'Arabie.

Lost in Versailles

Sofia Coppola, réalisatrice de cinéma, rendue célèbre par le succès de *Lost in Translation*, était derrière la caméra du film *Marie-Antoinette*, sorti en 2006. Pour ce faire, Kirsten Dunst prit les traits de la fameuse Autrichienne.

La petite histoire veut que la réalisatrice ait pris soin de ne pas lire l'ouvrage consacré à la reine, trop sombre, selon elle, et écrit par Stefan Zweig. Elle s'est d'abord inspirée du travail de l'historienne française Évelyne Lever, puis de l'Américaine Antonia Fraser, qui, avec *The Journey*, avait fasciné le public américain.

L'esthétique du film souligne l'insouciance de la jeune femme arrivée à Versailles, notamment à travers ses couleurs très *girly*, rose, jaune, vert pistache, que les macarons Ladurée viennent souligner un peu plus encore. Quelques scènes ont même été tournées dans des zones alors encore en rénovation, comme la galerie des Glaces, fermée au public à l'époque du tournage, mais ouverte pour l'occasion, et encore le Petit Théâtre de la reine, qu'on avait pu voir au cinéma pour la dernière fois en… 1961.

On apprend aussi qu'Alain Delon a refusé le rôle de Louis XV, sous prétexte qu'il n'aimait pas les perruques ! Reste le « coup de neuf » rendu à l'histoire de cette femme, pourtant si décriée. Le son, l'image saturée, la musique résolument moderne rendent ce film attachant, même s'il dérange quelque peu, car il réinvente le XVIIIe siècle, sans le trahir, tout en le restituant. Un véritable pari !

Un homme plein de perspectives

Le sentiment nous étreint à peine foulons-nous le sol du fameux jardin de Versailles. Qu'on regarde à droite, à gauche, devant, derrière, on a la sensation de découvrir un vaste et monumental espace autour de nous, en perpétuel mouvement déformant (ce qu'on nomme l'anamorphose). Cette sensation vient contredire l'enceinte close des jardins de la Renaissance tout en renouvelant le genre.

Cela est dû à un homme, André Le Nôtre, le petit-fils et fils d'architecte jardinier. Pas étonnant que son œil se soit focalisé sur les perspectives, quand on sait qu'il commença à étudier la peinture dans le cabinet du peintre Simon Vouet (1590-1649). Il étudie ensuite l'architecture, entre au service de Gaston d'Orléans, comme premier jardinier. Sa réputation n'est plus à faire. Fouquet (1615-1680), le surintendant des Finances, lui demande d'officier dans son jardin de Vaux-le-Vicomte. Après sa disgrâce, il entre au service… du roi, tout simplement.

Il s'illustre notamment avec le jardin des Tuileries. Qu'est-ce qui fait sa différence ? Il structure l'espace comme une toile de peinture. Il nivelle, rehausse à coups de pelletées de terre, élargit les perspectives, et la taille des arbres s'allonge à mesure que l'on s'éloigne du château. Du grand art ! À Versailles, l'Allée royale passe à 45 mètres de largeur, d'où l'on a un point de vue hallucinant sur le château : plus l'on progresse vers lui, plus il semble s'estomper de notre regard pour majestueusement réapparaître au sommet des marches de l'escalier de Latone. Une féerie, un enchantement ! Un metteur en scène à ciel ouvert.

Le Nôtre sera anobli en 1675. On s'arrache ses services aux quatre coins de l'Europe. Même le pape, qui souhaite lui confier la refonte des jardins pontificaux. Saint-Simon évoque avec gourmandise cette entrevue entre les deux hommes, Le Nôtre concluant leur entretien ainsi : « Je ne me soucie plus de mourir puisqu'à présent j'ai devisé familièrement avec les deux plus grands hommes du monde, Votre Sainteté et le Roi mon maître. » Le pape rétorque : « Votre roi est un grand prince victorieux, moi je ne suis qu'un pauvre prêtre. Il est encore assez jeune, moi je suis vieux. » Et Le Nôtre de conclure en embrassant la mule du pape : « Mon révérend Père, vous vous portez bien, vous enterrez tout le Sacré Collège. » L'homme est aimé par la cour. La description de sa mort par Saint-Simon achève de nous le confirmer :

« Il mourut presque en même temps, après avoir vécu quatre-vingt-huit ans dans une santé parfaite, [avec] sa tête et toute la justesse et le bon goût de sa capacité ; illustre pour avoir le premier donné les divers dessins de ces beaux jardins qui décorent la France, et qui ont tellement effacé la réputation de ceux d'Italie qui, en effet, ne sont plus rien en comparaison, que les plus fameux maîtres en ce genre viennent d'Italie apprendre et admirer ici. Le Nôtre avait une probité, une exactitude, et une droiture qui le faisaient estimer et aimer de tout le monde. Jamais il ne sortit de son état ni ne se méconnut, et fut toujours parfaitement désintéressé. Il travaillait pour les particuliers comme pour le roi, et avec la même application ; ne cherchait qu'à aider la nature, et à réduire le vrai beau aux moins de frais qu'il pouvait ; il avait une naïveté et une vérité charmante. [...] À son retour [de Rome] le roi le mena dans ses jardins de Versailles, où il lui montra ce qu'il y avait fait depuis son absence. À la colonnade il ne disait mot. Le roi le pressa d'en dire son avis : "Eh bien ! sire, que voulez-vous que je vous dise ? d'un maçon vous avez fait un jardinier [c'était Mansart] ; il vous a donné un plat de son métier." Le roi se tut et chacun sourit ; et il était vrai que ce morceau d'architecture, qui n'était rien moins qu'une fontaine et qui la voulait être, était fort déplacé dans un jardin.

« Un mois avant sa mort, le roi, qui aimait à le voir et à le faire causer, le mena dans ses jardins, et, à cause de son grand âge, le fit mettre dans une chaise que des porteurs roulaient à côté de la sienne, et Le Nôtre disait là : "Ah ! mon pauvre père, si tu vivais et que tu pusses voir un pauvre jardinier comme moi, ton fils, se promener en chaise à côté du plus grand roi du monde, rien ne manquerait à ma joie." Il était intendant des bâtiments et logeait aux Tuileries, dont il avait soin du jardin, qui est de lui, et du palais. Tout ce qu'il a fait est encore fort au-dessus de tout ce qui a été fait depuis, quelque soin qu'on ait pris de l'imiter et de travailler d'après lui le plus qu'il a été possible. Il disait des parterres qu'ils n'étaient bons que pour les nourrices qui, ne pouvant quitter leurs enfants, s'y promenaient des yeux et les admiraient du deuxième étage. Il y excellait néanmoins comme dans toutes les parties des jardins, mais il n'en faisait aucune estime, et il avait raison, car c'est où on ne se promène jamais. »

Les derniers mots de Louis XIV

Voici les derniers mots de Louis XIV à Versailles, retranscrits par Dangeau, le 1er septembre 1715, très précisément à 8 h 15 du matin des suites d'une gangrène sénile.

« "Messieurs, je suis content de vos services ; vous m'avez fidèlement servi et avec envie de me plaire. Je suis fâché de ne vous avoir pas mieux récompensés que j'ai fait ; les derniers temps ne l'ont pas permis. Je vous quitte avec regret. Servez le Dauphin avec la même affection que vous m'avez servi ; c'est un enfant de cinq ans, qui peut essuyer des traverses, car je me souviens d'en avoir beaucoup essuyé pendant mon jeune âge. Je m'en vais, mais l'État demeurera toujours ; soyez-y fidèlement attachés, et que votre exemple en soit un pour tous mes autres sujets. Soyez tous unis et d'accord ; c'est l'union et la force d'un État ; et suivez les ordres que mon neveu vous donnera. Il va gouverner le royaume ; j'espère qu'il le fera bien. J'espère aussi que vous ferez votre devoir et que vous vous souviendrez quelquefois de moi." À ces dernières paroles, nous sommes tous fondus en larmes, et rien ne peut exprimer les sanglots, l'affliction et le désespoir de tout ce que nous étions. Sa voix n'était point entrecoupée, et seulement beaucoup plus faible qu'à l'ordinaire. »

Il faut périr en symétrie

Un bon mot tiré de la bouche de madame de Maintenon, la maîtresse de Louis XIV. Depuis 1682, la cour est installée à Versailles. Mais la cour a froid, les logements des courtisans ne sont pas adaptés, et on grelotte dans les couloirs du château. Y compris la maîtresse du roi ! La petite fille d'Agrippa d'Aubigné, la veuve de Scarron, entrée au service du roi, recrutée par la Montespan pour élever les fils bâtards de Louis XIV, a suivi la cour à Versailles.

Mieux ! Après la chute de la Montespan, elle est même devenue la maîtresse officielle de Louis XIV, celle avec qui il passe sa fin de journée. Sa chambre a même été placée non loin de la sienne. C'est plus pratique ! « J'ai encore un très bel appartement, mais sujet au même froid et au même chaud, y ayant une fenêtre de la grandeur des plus grandes arcades où il n'y a ni volet, ni châssis, ni contrevent parce que la symétrie en serait choquée. Ma solidité a quelque chose à souffrir, ainsi que ma santé, de vivre avec des gens qui ne veulent que paraître et qui se logent comme des divinités. »

Pan ! Maîtresse ou pas, celle qui deviendra sa femme après le décès de Marie-Thérèse d'Autriche, demande une faveur au roi : elle aimerait bien faire installer des volets à ses fenêtres.

Réponse du roi : impossible ! Cela viendrait tout simplement perturber l'architecture de la façade du château et romprait sa parfaite symétrie. D'où ce bon mot attribué à madame de Maintenon ! On a beau être maîtresse royale, on n'a pas de passe-droits pour autant. Allez, sortez les chaufferettes !

Le cuisinier roïal et bourgeois

J'ai nommé Francis Massialiot ! Né en 1660 à Limoges, mort à Paris en 1733, il travailla pour de nombreuses personnalités, sans jamais être au service en particulier de l'un ou de l'autre. Il est chef à domicile et sert notamment Philippe d'Orléans, le frère de Louis XIV. Bientôt, il publie un ouvrage, destiné aussi bien aux personnalités royales que bourgeoises, le fameux *Cuisinier roïal et bourgeois*, sous-titré pour apprendre « *à ordonner toute sorte de repas en gras et en maigre et la meilleure manière des ragoûts les plus délicats et les plus à la mode, ouvrage très utile pour les familles et singulièrement nécessaire à tous maître d'hôtels et écuyers de cuisine* ».

LE
CUISINIER
ROÏAL
ET
BOURGEOIS;
QUI APPREND A ORDONNER TOUTE sorte de Repas en gras & en maigre, & la meilleure maniere des Ragoûts les plus delicats & les plus à la mode.
Ouvrage tres-utile dans les Familles, & singulierement necessaire à tous Maîtres d'Hôtels, & Ecuiers de Cuisine.
Nouvelle Edition, revûë, corrigée & beaucoup augmentée, avec des Figures.
A PARIS,
Chez CLAUDE PRUDHOMME, au Palais, au sixiéme Pilier de la Grand' Sale, vis-à-vis la Montée de la Cour des Aides, à la Bonne-Foi couronnée.
M. DCCV.
AVEC PRIVILEGE DU ROY.

Par rapport aux ouvrages traditionnels de recettes qui suivent l'ordre des plats, ce livre est classé par ordre alphabétique de recettes, une révolution (!) et un style qui perdure encore ! Il apportera aussi quelques innovations culinaires comme les fonds de sauce particuliers et variés, bien différents du « coulis » unique pas bien savoureux. Il donnera aussi pour la première fois une recette de crème brûlée ! Mais ce sont ses recettes au chocolat, « révolutionnaires » (avant l'heure) qui lui apportent la célébrité.

CRÈME DE CHOCOLAT

Prenez une pinte de lait & un quarteron de sucre que vous ferez bouillir ensemble un quart d'heure ; & après vous délayerez vin jaune d'œuf que vous mettez dans la Crème, & vous la ferez bouillir trois ou quatre bouillons. Ôtez-la ensuite de dessus le feu, & mettez du Chocolat, jusqu'à ce que la Crème en ait pris la couleur. Après vous la remettrez trois ou quatre tours sur le feu ; & l'ayant passée dans une étamine, vous la dresserez où il vous plaira.

Crème de Chocolat au bain-marie

Il faut râper une once de Chocolat, que vous délayez avec quatre jaunes d'œufs, & un peu de lait ; ensuite vous mettez cela dans une chopine de Crème douce, & un demi-septier de lait que vous mêlez bien ensemble ; vous y mettez du sucre à discrétion, puis vous faites bouillir de l'eau dans une casserole & y mettez un plat dessus, en sorte que le fond du plat trempe dans l'eau, & vous mettez vôtre Crème dedans ; il faut le couvrir d'un autre plat, & ne l'ôter que quand la Crème est prise ; c'est la meilleure méthode, on ne la manque jamais.

Crème douce

Prenez trois pintes de lait nouvellement trait, & le faites bouillir ; & quand il monte, ôtez-le de dessus le feu, & le laissez reposer un moment. Vous ôtez toute la Crème qui sera par-dessus, que vous mettrez dans une assiette. Vous remettrez vôtre poêle sur le feu, & vous ferez toujours de même jusqu'à ce que votre assiette soit pleine de la Crème que vous retirerez. Il faut y mettre des eaux odoriférantes, & ne pas oublier de la bien poudrer de sucre avant que de servir.

Que la fête commence !

Les fêtes à Versailles sont légion. Mais voici les trois temps forts « fondateurs » de l'esprit de fête développé par Louis XIV. *Les Plaisirs de l'Île enchantée* – du 7 au 14 mai 1664, *Le Grand Divertissement Royal* – le 18 juillet 1668, et *La Fête de 1674* – du 4 juillet au 31 août 1674. À quoi bon ainsi divertir sa cour pour le roi ? Cela lui permettait déjà de la contrôler et de la remercier de son aide pour les différents services rendus, notamment sur les champs de bataille. Notez que ces fêtes ont eu une durée diverse. La première de ces fêtes eut pour thème le *Palais d'Alcine*, inspiré de l'*Orlando furioso*, de l'Arioste, et interprété le troisième jour, alors qu'on commençait à regretter ces différentes festivités, mêlées de jeux et autres bagatelles. Le roi se présenta à sa foule, couvert de différentes pierreries, au centre des lices figurant les bordures d'un terrain propice aux tournois moyenâgeux. Tout autour de lui se trouvaient des pages, des hérauts d'armes prêts à en découdre avec ce majestueux roi ! On y entendit ce sonnet en son honneur :

Quelle taille, quel port a ce fier conquérant !
Sa personne éblouit quiconque l'examine,
Et quoique par son poste il soit déjà si grand,
Quelque chose de plus éclate dans sa mine.

Son front de ses destins est l'auguste garant ;
Par delà ses aïeux sa vertu l'achemine ;
Il fait qu'on les oublie, et, de l'air qu'il s'y prend,
Bien loin derrière lui laisse son origine.

De ce cœur généreux c'est l'ordinaire emploi
D'agir plus volontiers pour autrui que pour soi ;
Là principalement sa force est occupée :

Il efface l'éclat des héros anciens,
N'a que l'honneur en vue, et ne tire l'épée
Que pour des intérêts qui ne sont pas les siens.

On joua encore les jours suivants, des promenades furent organisées dans la Ménagerie, et des représentations du *Tartuffe* (ce qui vaudra des réprimandes à l'auteur, même si le roi n'y voyait goutte) et du *Mariage forcé* de Molière furent même proposées. Des banquets débordant de victuailles en tous genres directement importées rassasiaient la foule émerveillée devant tant de délicatesse. Cette première salve de fêtes monumentales fut dédiée à la maîtresse du roi de l'époque, mademoiselle de La Vallière (1644-1710), qui entrera dans les ordres par la suite !

Autre fête, *Le Grand Divertissement royal*, cette fois pour souligner la récente paix d'Aix-la-Chapelle, mais en fait dédiée à une autre maîtresse royale, la fameuse madame de Montespan. Les festivités furent plus courtes et durèrent une seule journée (ne pas y voir une quelconque graduation dans l'admiration du roi pour ses maîtresses !). Le programme n'en fut pas moins très chargé, avec toujours des libations et des amusements. On joua la comédie-ballet *Georges Dandin*, dans un cadre majestueux, auréolé des 32 candélabres en cristal.

L'un des commentateurs s'en émerveilla : « Il y avait une si grande foule de gens qu'à la comédie, le Roy même eut de la peine à faire placer les dames et il fallut faire sortir pour cela quantité d'hommes. [...] Lorsque Leurs Majestés furent arrivées dans ce lieu dont la grandeur et la magnificence surprirent toute la cour, et quand Elles eurent pris leur place sur le haut dais qui était au milieu du parterre, on leva la toile qui cachait la décoration du théâtre. Et alors, les yeux se trouvant tout à fait trompés, l'on crut voir effectivement un jardin d'une beauté extraordinaire. » On dansa, chanta, et l'assistance eut même droit à un superbe feu d'artifice qui surprit tout le monde et sema quelque peu la pagaille dans les travées.

Vint enfin la troisième des grandes fêtes organisées par Louis XIV, dont Versailles fut le témoin l'été 1674. Le programme, tout aussi chargé, était en hommage à la reconquête… de la Franche-Comté ! L'un des temps forts reste le repas donné dans la cour de Marbre le 28 juillet 1674, avec une table octogonale, construite autour de la fontaine centrale, une colonne toscane, où s'entrelaçaient des centaines de lys, devant lesquels l'assemblée réunie s'extasia aux sons du hautbois. Grandiose ! Le 18 août, 5 000 fusées furent tirées du Grand Canal pour un final éblouissant. Un commentateur s'arrêta et contempla :

« Tout ce que l'on voyait dans cette grande étendue de plus de trois cents toises n'était plus ni du feu ni de l'air ni de l'eau. »

« Ces éléments étaient tellement mêlés ensemble que, ne les pouvant reconnaître, il en paraissait un nouveau, et d'une nature tout extraordinaire. Il semblait être composé de mille étincelles de feu qui, comme une épaisse poussière, ou plutôt comme une infinité d'atomes d'or, brillaient au milieu d'une plus grande lumière. »

François-Dominique Séraphin,
à l'ombre du roi

C'et artiste a fait rêver des quantités d'enfants. Petits et… grands ! En effet, le théâtre d'ombres débuta en France au XVIIIe siècle avec cet homme venu de Lorraine, qui s'installa à l'hôtel Lannion, à Versailles. Il s'amusa à afficher l'annonce de son spectacle sur les murs de la ville. « Venez garçon, venez fillette,/Voir Momus à la silhouette :/ Oui, chez Séraphin venez voir/La belle humeur en habit noir !/Tandis que ma salle est bien sombre/Et que mon acteur n'est que l'ombre,/Puisse, Messieurs, votre gaieté/ Devenir la réalité ! » Ce qui ne tarda pas à intriguer les badauds curieux. Même depuis Paris !

Marie-Antoinette s'émerveilla de cet homme, mais aussi fut intriguée par cet afflux de spectateurs où toutes les classes sociales se mélangeaient, comme en témoigne *Les Puppazi noirs* de Louis Lemercier de Neuville, qui retrace ce parcours original :

« Paris n'eut pas tout d'abord l'honneur d'avoir produit cette nouveauté ; ce fut à Versailles, dans le Jardin Lannion (situé alors où l'on voit aujourd'hui le n° 25 de la rue Satory), que François-Dominique Séraphin, alors âgé de vingt-trois ans, établit son premier théâtre. Il l'avait installé au fond d'une auberge qui occupait le principal corps du logis de l'hôtel Lannion. Le succès ne se fit pas attendre : les seigneurs, les grandes dames s'y donnaient rendez-vous, et leurs enfants y coudoyaient les enfants du peuple. La renommée de ces Ombres à scènes changeantes – telle était leur première appellation – franchit bientôt les grilles du Palais de Versailles, et Séraphin ne tarda pas à faire son apparition à la cour. Pendant le Carnaval, dit Cléry dans ses *Mémoires*, il y jouait trois fois par semaine, et il y fit tant plaisir, qu'il fut autorisé à prendre le titre de *Spectacle des Enfants de France*. »

Versailles fut le théâtre de ses premiers succès. Il partit ensuite s'installer à Paris, dans les galeries du Palais-Royal et, avec ses 11 manipulateurs, il produisit son spectacle à partir du 8 septembre 1784, tous les jours à 18 h (2 fois par jour les dimanches et jours de fête) : *Ombres chinoises et jeux arabesques du Sieur Séraphin, breveté de Sa Majesté.* Le ticket d'entrée était de 24 sous. Puis, avec la Révolution, Séraphin oublia ses premiers commanditaires et transforma son spectacle… qui devint alors *Le Théâtre des vrais sans-culottes.* Pas le même genre !

On raconte que l'intimité plaisait non seulement aux enfants qui riaient des bêtises des ombres, mais aussi aux bonnes des enfants, qui y retrouvaient quelques amants ! Séraphin mourra à l'âge de 53 ans, le 5 septembre 1800.

Hep ! taxi !

Si l'on consulte un almanach de Versailles de l'année 1782, par exemple, on s'amuse à analyser les moyens de transport indiqués. On trouve pour les correspondances à l'intérieur de la ville et avec le reste de la région les moyens de se déplacer, les endroits où trouver la bonne personne et les lieux pour prendre son moyen de transport préféré. On remarque surtout les nuances entre les chaises à porteurs, appelées « chaises bleues », les brouettes, les fiacres ou les diligences.

Les chaises bleues étaient des chaises à porteurs, à l'avant et à l'arrière de la chaise, qui tenaient les brancards. Ces chaises étaient peintes en bleu, d'où leur nom ! Elles avaient été ainsi colorées pour éviter de confondre ces chaises et celles des nobles de la cour, mais surtout elles dépendaient d'une seule et même enseigne, qui disposait du monopole des chaises bleues sur Versailles. Plus tard, au XVIIIe siècle, un dentiste obtint la concession des brouettes, chaise sur roulettes, tirée par un seul homme. Le tarif était de huit sols pour un trajet.

L'essentiel de ces moyens de transport était à prendre vers la place Hoche.

Portrait d'une dame d'honneur

La reine, à Versailles, disposait d'une dame d'honneur, une confidente, une suivante, une femme toujours à ses côtés pour l'écouter, l'assister et lui apporter tout ce qu'elle pouvait espérer. Arrêtons-nous sur le portrait d'une des femmes ayant « travaillé » aux côtés de Marie Leczinska, puis de Marie-Antoinette.

Il s'agit de Laure Auguste de Fitz-James (1744-1804), fille du duc de Fitz-James, Charles de Berwick, maréchal de France, et de la duchesse, née Victoire Goyon de Matignon, dont un sublime portrait de Van Loo est encore conservé à Versailles, au Musée national du Château et des Trianons. Privilège énorme !

Elle épousera Philippe Gabriel Maurice Joseph d'Hénin Liétard, prince de Chimay, sans jamais avoir d'enfants. En 1767, elle prend la succession de sa mère comme dame du palais de la reine auprès de Marie Leczinska. Marie-Antoinette la nomme en 1775 à ses côtés, en remplacement de la comtesse de Noailles, surnommée « madame Étiquette ». C'est tout dire ! Quel est son rôle ? Écoutons madame Campan (1752-1822) à ce sujet :

« La dame d'honneur nommait aux emplois et aux charges ; recevait les prestations de serment en l'absence de la surintendante ; faisait les présentations ; envoyait les invitations au nom de la reine pour les voyages de Marly, de Choisy, de Fontainebleau, pour les bals, les soupers, les chasses ; le renouvellement du mobilier, du linge et des dentelles de lit et de toilette, se faisait par ses ordres. Le chef du garde-meuble de la reine travaillait avec la dame d'honneur sur ces objets ; le renouvellement des draps, serviettes, chemises, dentelles, avait lieu, jusqu'à l'époque où M. de Silhouette fut nommé contrôleur-général, tous les trois ans. »

Elle se devait d'être toujours à ses côtés, du lever, derrière la surintendante, au coucher. Elle mangeait, priait, jouait, toujours avec elle. En contrepartie, elle dormait proche de la reine dans un appartement de 12 pièces et recevait une solde de 100 000 livres par an, somme énorme pour l'époque. Son portrait fut ainsi définitivement dressé dans sa nécrologie, parue dans *L'Ami de la religion et du roi*, pour le moins édifiante ! Une chose est sûre : on est loin des avis de décès de nos jours ! Un exemple du genre pour défendre une âme pure de l'époque. Voici son portrait post mortem :

« Mme la princesse de Chimay, née Fitz-James, vient d'être enlevée à sa famille et à ses amis, le 26 septembre, à l'âge de 69 ans.

« Cette princesse, encore plus distinguée par sa foi et sa piété que par le sang royal des Stuarts dont elle était issue, doit trouver place dans cet ouvrage, particulièrement destiné à consacrer le souvenir des vertus qui honorent la religion, comme à recueillir les événements qui l'intéressent.

« Petite-fille du maréchal de Berwick, de ce héros dont les victoires assurèrent à Philippe V la couronne d'Espagne ; fille du dernier maréchal de Fitz-James, elle semblait avoir reçu, avec le sang de ses ancêtres, l'élévation des sentiments, l'amour de la religion, la fidélité inviolable pour des souverains malheureux. Noble héritage, qu'elle a eu la consolation de voir recueillir avec gloire par ses neveux. Elle puisa dans les grands exemples de ses vertueux parents, cette piété sincère, aimable, éclairée, qui fut l'âme de sa vie entière. Aussi conserva-t-elle la vénération la plus profonde pour les auteurs de ses jours. Ils étaient sa gloire et ses modèles ; et parmi tous les titres qu'ils lui avaient laissés, le seul dont elle parlât avec complaisance était celui d'enfant des saints, qu'elle s'efforçait de mériter en les imitant. Elle épousa, en 1763, M. le prince de Chimay, dernier rejeton de son ancienne maison. Placée, fort jeune, près de la reine Marie Leczinska, en qualité de dame du palais, elle fut bientôt nommée dame d'honneur de la Reine, femme de Louis XVI. Pendant trente années qu'elle parut à la cour, elle y fit constamment admirer la réunion de tous les dons de la nature, avec les vertus les plus solides, toutes les qualités propres à plaire, avec une piété qui ne se démentit jamais, et dont la calomnie même n'osa tenter de ternir l'éclat. Son unique ambition fut de remplir ses devoirs ; elle s'y livrait avec un dévouement plein de dignité. Elle ne vit dans la première place de la cour qu'une obligation plus rigoureuse de donner de grands exemples, et quelquefois des conseils utiles. Mais en disant la vérité, elle eut l'art si difficile de la faire entendre sans blesser, par ses égards respectueux, par une douceur pleine de charmes, qui en tempérait l'amertume. Disons à la louange de la Reine, qu'elle apprécia ce mérite si rare dans les cours ; elle l'honora d'une confiance plus glorieuse pour la souveraine qui l'accorde, que pour celle qui sait la mériter par de si nobles moyens.

« Si sa vertu inspira le respect, elle sut mieux encore se faire aimer, par l'indulgence et la bonté pour ses inférieurs, par une bienveillance attentive et prévenante, qui lui méritèrent l'attachement de tous ceux qui eurent le bonheur de l'approcher. Au sein des illusions et des plaisirs, le soulagement des malheureux et la douceur de l'amitié furent les seules jouissances qu'elle sembla s'être réservées. Le choix de ses amis honore également son discernement et son cœur. Aussi les amis de sa jeunesse furent-ils ceux de toute sa vie ; ils furent, avec sa famille, les objets constants de ses soins les plus assidus, et de ses affections les plus tendres. Les regrets qu'elle leur a laissés ne peuvent s'adoucir que par l'espérance du bonheur que tant de vertus lui ont sans doute mérité.

« Sa charité ne connut d'autres bornes que celles de ses moyens. L'indigence et le malheur furent toujours auprès d'elle une recommandation toute puissante : nulle bonne œuvre qui n'intéressât son zèle ; et comme elle ne voulait jamais le bien à demi, elle commençait par s'imposer à elle-même des privations rigoureuses. Elle ne dédaignait pas aussi de solliciter des aumônes ; c'était pour elle l'emploi le plus doux de l'autorité que son rang et ses vertus lui avaient assurée.

« Sa prospérité n'avait pu la séduire ; le malheur la trouva inébranlable. Peu de Français ont plus vivement senti les maux de leur patrie, et surtout ceux de la famille royale. Sa seule consolation fut de prodiguer à sa souveraine malheureuse toutes les marques du plus fidèle attachement. La journée du 10 août vint les séparer pour jamais.

« Mme la Princesse de Chimay, forcée de se bannir comme tant d'autres, se fit partout distinguer par son angélique piété, et par sa touchante sollicitude pour tous les malheureux que les événements avaient forcés de fuir, comme elle, leur patrie.

« Après son retour en France, elle sembla se consacrer exclusivement à la pratique des vertus chrétiennes, qui seules pouvaient l'aider à soutenir la douleur des pertes passées, et la vue des maux dont nous eûmes à gémir si longtemps. Il faut pour l'apprécier l'avoir vue dans sa retraite, entourée de ses parents et de ses amis, tous dignes de s'associer à ses sentiments. C'était là qu'on retrouvait les maximes de la religion, de la fidélité, de l'antique honneur dans leur inaltérable pureté. Un attachement inflexible pour tous les principes généreux ; une sorte de passion pour le bien ; une aversion insurmontable pour tout ce qui le combattait, distinguaient éminemment cette âme pure autant qu'élevée. Les maux de la religion, la captivité du vicaire de Jésus-Christ, la persécution qui s'attacha si longtemps aux membres du sacré collège, défenseurs intrépides de leur chef, furent pendant plusieurs années l'objet de sa sollicitude. Elle ne se contenta pas de gémir ; son temps, ses soins, ses moyens furent prodigués pour une si belle cause ; et elle mérita d'être distinguée dans cette association généreuse qui eut le bonheur de soutenir jusqu'à la fin ces illustres victimes, dans le dénuement honorable où les avait réduits leur héroïque dévouement. Ces soins religieux, ses douleurs, et les calamités qui se multipliaient chaque jour, la rattachaient encore à ses souverains légitimes. Son amour semblait croître avec leurs malheurs. Le ciel a voulu sans doute récompenser un attachement si fidèle, en la laissant vivre assez longtemps pour voir le trône enfin rendu à ces maîtres augustes, dont elle n'avait jamais cessé de demander et d'espérer le retour. Le bonheur de revoir son Roi était le seul dont elle pût désormais jouir sur la terre ; il sembla la rappeler à la vie. Mais bientôt ses maux reprirent le dessus. Une plus belle récompense l'attendait. De longues infirmités avaient depuis longtemps épuré ses vertus, et sa patience ne s'était jamais démentie… Des soins touchants l'occupaient encore dans ses derniers jours. Elle eût voulu voir enfin rendre à sa souveraine infortunée l'éclatante justice qui lui était due. Elle aimait à s'entretenir de ses grandes qualités, à démentir la calomnie qui l'avait si indignement outragée. Et quel témoignage plus honorable que celui d'un témoin tel que Mme la princesse de Chimay, incapable, au jugement de tous ceux qui l'ont connue, de trahir la vérité par quelque motif d'attachement ou de considération que ce puisse être.

« Le Roi, qui l'honorait d'une bonté particulière, envoya plusieurs fois savoir de ses nouvelles. Le jour même de sa mort, elle s'entretint longtemps de son attachement pour sa personne, et chargea le gentilhomme ordinaire, venu de sa part, des choses les plus touchantes pour Sa Majesté.

« Sa mort ne fut qu'un dernier exemple de piété, de résignation, et de toutes les vertus chrétiennes, qui ajouta le dernier trait au tableau d'une si belle vie. Elle reçut ses sacrements avec la paix d'une âme prédestinée. Qui ne se serait attendri en voyant cette vertueuse princesse demander pardon à sa famille, à ses serviteurs, et surtout à la plus fidèle et à la plus inconsolable des amies ?

« Depuis ce moment, quoique privée de connaissance, elle sembla toujours prier. Ainsi devait finir une vie qui ne fut que l'exercice continuel de la foi, de la prière, et des plus pures vertus.

« Elle laisse un grand exemple à l'appui de cette vérité, que la pratique de la piété convient à tous les âges comme à tous les états ; qu'elle s'allie aux devoirs qu'impose la vie de la cour et du plus grand monde, comme à ceux des autres conditions de la vie. Puisse cet exemple être suivi, dans un temps surtout où les vertus les plus aimables et les plus augustes ôtent toute excuse à la faiblesse, et condamnent l'incrédulité même au silence. »

Bande de petits galopins

Qui habitait donc à Versailles ? Le roi, tout d'abord, sorte d'aimant des courtisans, tous à ses pieds. Sous Louis XIII, ce ne sont que compagnons de chasse. Avec Louis XIV, les chambres du château commencent à manquer. Avec l'arrivée du roi à Versailles en 1682, les campagnes d'aménagement se développeront. Une véritable adoration royale s'ensuivra. Louis XIV accentuera cette sensation d'exclusivité et le sens de l'étiquette vis-à-vis de sa propre personne. Songeons qu'il fallait s'incliner face à son lit… même quand il était vide ! L'équation à résoudre pour le roi était d'attirer sans cesse la noblesse, lui donner des gages de son respect, à travers des postes, titres et autres récompenses et honneurs. Autour de lui s'organise la vie comme suit, selon monsieur de Sainctot, grand maître des cérémonies :

« Je distingue toutes les personnes du sang royal en trois ordres. Le premier enferme les fils et les filles, les petits-fils et petites-filles d'un roi régnant, c'est ce que j'appelle famille du roi. Le second comprend les fils et filles, petits-fils et petites-filles d'un roi défunt, c'est ce que j'appelle famille royale. Le troisième est composé généralement de tous les autres princes et princesses du sang, c'est ce que j'appelle famille des princes du sang.

« Une seule maxime règle le pas entre ces trois ordres, c'est la proximité du sang. Ainsi toutes les personnes de premier ordre ont absolument la préséance sur toutes les personnes du second et du troisième, mais dans chacun de ces ordres, trois maximes règlent le pas.

De prince à prince, c'est la proximité de la couronne.

De prince à princesse, c'est le droit à la couronne.

De princesse à princesse, c'est la proximité du sang.

Suivant la première de ces trois maximes, les fils aînés d'un dauphin avaient le pas sur les fils du roi, mais les filles du dauphin suivant la seconde maxime le devaient aux fils du roi et même aux filles du roi suivant la troisième. »

Les plus privilégiés, les princes du sang et autres membres de la famille royale, disposaient de leurs propres hôtels particuliers dans la ville de Versailles. Ils n'avaient pas vraiment de problèmes d'argent. On trouvait aussi les « logeants », les membres du personnel au service de Sa Majesté, domestiques et autres valets, et quelques privilégiés du roi, qui logeaient dans de petits appartements, souvent peu chauffés. Un privilège au goût amer ! Mais un privilège tout de même… J.-F. Solnon raconte l'installation de Saint-Simon dans son logement avec son épouse :

« Quand Mme de Saint-Simon fut nommée dame d'honneur de la duchesse de Berry en 1710, le futur mémorialiste obtint un vaste logement situé dans le gros pavillon de l'aile au second étage, prenant jour par huit fenêtres sur une des cours intérieures. Cinq pièces (deux antichambres, deux chambres et un cabinet) le composaient, doublées de réduits entresolés sans fenêtres, garde-robes, chambres de domestiques, arrière-cabinets. Raffinement supplémentaire : à l'appartement était jointe une cuisine, située au rez-de-chaussée. M. de Saint Simon était comblé. »

Et l'on trouvait les « galopins », les membres de l'aristocratie, n'ayant pas eu le privilège d'être choisis par le roi pour rester à ses côtés. Certains vivaient dans le Grand Commun, dans les écuries ou même au chenil, d'autres devaient aussi chaque jour venir de Paris, vers Versailles, dans des conditions de transport assez… chaotiques. Ou au « galop », pour être encore plus vite auprès de leurs bons rois…, peut-être l'origine de ce surnom des « mal logés » de Versailles. Il ne faut toutefois pas croire que les « mieux lotis » vivaient dans un luxe débordant pour autant… Attardons-nous sur la chambrette de madame du Hausset, qui était la dame de chambre de la marquise de Pompadour. L'ensemble révèle une pièce très basse de plafond (moins de deux mètres de haut), où il ne faisait sans doute pas vraiment bon vivre… Mais entre l'écurie, Paris ou le château, le choix était vite fait !

Audience à l'ambassadeur du Maroc à Versailles, en 1699

On trouve dans les ouvrages d'histoire des récits de cérémonial très détaillés des réceptions à Versailles, toujours factuels mais grouillants d'anecdotes bigrement savoureuses, de par l'ostentation notoire de la royauté française, rêvant de faire briller l'étoile française au-devant de tous ses visiteurs étrangers. Voici l'extrait du *Cérémonial diplomatique des cours de l'Europe*, de Jean Rousset de Missy :

« Le 16 février, le Baron de Breteuil alla dans les carrosses du Roi, & de Madame la Dauphine, prendre l'Ambassadeur à l'Hôtel des Ambassadeurs. Il y fut reçu à la descente du carrosse par quelques Maroquins, qui descendirent trois ou quatre degrés, lui donnèrent la main, & le conduisirent dans son appartement, où il y avait deux fauteuils placés, celui du Baron à droite, & le sien à gauche.

« On monta en carrosse sur les six heures. L'Ambassadeur prit la première place dans le fond de derrière du carrosse du Roi. Le Baron se mit à la gauche, & le Sieur de St. Olon se mit dans le fond de devant. Les Gens de la suite montèrent dans le carrosse de Madame la Duchesse de Bourgogne & les Esclaves de l'Ambassadeur eurent des chevaux de selle. On arriva à huit heures à Versailles. L'Ambassadeur trouva à son passage la Garde Française, & Suisse en haie, les armes à terre, & les Officiers […] le saluant du chapeau. Les Gardes de la Porte, & ceux de la Prévôté, dans la Cour sans armes aussi. Il descendit à la Salle des Ambassadeurs, & sur les neuf heures, le Roi lui donna Audience dans le Cabinet de son grand appartement, où l'Introducteur le conduisit par le grand Escalier. Les Cent-Suisses de la Garde du Roi, étaient sur les degrés du grand Escalier, leur hallebarde derrière eux.

« Les Gardes du Corps dans la Salle des Gardes, tous en haie, du côté du mur seulement, ayant leurs Carabines dressées à la muraille derrière eux.

« L'Ambassadeur marcha accompagné du Baron de Breteuil à là droite, & du Sieur de St. Olon à sa gauche (ce qui ne devait pas être, car le Baron devait se trouver à la gauche de l'Ambassadeur ; & le Sieur de St. Olon devait marcher un peu en avant avec l'Interprète, selon la pratique ordinaire, en pareilles occasions).

« L'Ambassadeur était précédé de huit ou dix personnes de sa suite, qui portaient sur leurs têtes les présents de l'Ambassadeur au Roi. Ces présents consistaient en une Selle picquée de Maroquin rouge, avec sa bride, & quatre ou cinq paquets tant de Mousseline, que de peaux de Lions, & autres animaux le tout valant, 6. à 700. liv.

« Le Roi étant sur son Estrade, assis dans son fauteuil accompagné de Messeigneurs les Ducs d'Anjou, & de Berry, & de Monsieur, Sa Majesté voyant venir l'Ambassadeur, ne se découvrit que dans le temps que l'Ambassadeur commença son discours, qu'il fit en la langue Arabesque, dont le Sieur de la Croix fut l'Interprète. Son Compliment fini, il présenta sa Lettre de Créance au Roi, qui la reçût assis, & couvert, les Princes étant toujours demeurés découverts ; ensuite l'Ambassadeur fit ses présents, qu'on laissa au pied de l'Estrade. Le Roi, ayant répondu au discours de l'Ambassadeur, ne se découvrit que lorsqu'il vit qu'il se retirait.

« L'Introducteur pour conduire l'Ambassadeur le fit passer par la Galerie, & de-là par le petit appartement ; les deux battants des portes étant ouverts, ce qui ne devait pas être. L'Ambassadeur trouva dans la Salle des Gardes du Corps, les Gardes en haie, & sans armes, rangés d'un côté seulement. Les Cent-Suisses sur les degrés de l'Escalier, postés comme dans le grand Escalier. Les Gardes de la Prévôté dans la Cour du Château, jusqu'à la Salle de descente des Ambassadeurs, où il se rendit. Sur le midi les Officiers du Roi servirent une table de quinze couverts. Il s'y mit seul, & ne mangea point, c'était un jour de jeûne pour eux, qui leur défend de manger que le Soleil ne soit couché ; ceux de sa suite étaient derrière lui. Le Baron de Breteuil se plaça à la Table, le Sieur de Ligny Maître d'Hôtel du Roi, qui avait soin de son traitement se mit à sa gauche, & le Sieur de St. Olon se plaça au-dessous du Baron. Les places d'ailleurs, étaient occupées de gens qu'on avait invité pour tenir compagnie à l'Ambassadeur.

« Après le dîner le Sieur de St. Olon mena l'Ambassadeur chez Monsieur de Torcy, parce que la Secrétairie du Roi à la conduite des Ambassadeurs, n'était pas encore remplie. Monsieur de Torcy reçût l'Ambassadeur à la porte de son Antichambre, & lui donna la main. Sa visite faite il le conduisit jusques au Palier de son Escalier, sans le descendre. De-là l'Ambassadeur alla visiter Monsieur de Pomponne, Monsieur de Ponchartrain, & Monsieur le Duc de Bauvilliers. Ces visites faites le Baron le remêna à Paris dans les Carrosses du Roi & de Madame la Duchesse de Bourgogne. À son passage, il eut la même Garde, postée, sans armes, comme à son arrivée. »

Versailles, un château sale ?

Disons-le tout de suite : combien de fois n'avons-nous pas entendu parler de la saleté dans les couloirs du château ? Combien de récits n'avons-nous pas lus sur ces princesses qui ont pu quelquefois s'abandonner derrière des rideaux, quand ce n'étaient pas les domestiques ? Il y a certes un peu de vrai dans tout cela, surtout quand on lit de la Morandière, au milieu du XVIIIe siècle, qui écrit que « le parc, les jardins, le château même font soulever le cœur par leurs mauvaises odeurs. Les passages de communication, les cours, les bâtiments, les corridors sont remplis d'urine et de matière fécales ; au pied même de l'aile des ministres, un charcutier saigne et grille ses porcs tous les matins ; l'avenue de Saint-Cloud est couverte d'eaux croupissantes et de chats morts ».

William Ritchey Newton nous rappelle cette phrase de Théophraste Renaudot au XVIIe siècle : « Le bain, hors l'usage de la médecine en une pressante nécessité, est non seulement superflu mais très dommageable aux hommes. [...] Le bain extermine le corps et le remplissant, le rend susceptible de l'impression des mauvaises qualités de l'air. Le bain emplit la tête de vapeurs. Est ennemi des nerfs et ligaments qu'il relâche en sorte que tel n'a jamais senti la goutte qu'après s'être baigné. Tue le fruit dans le ventre des mères, même lorsqu'il est chaud. » Il est certain que, dans ce cas de figure, cela ne donne pas vraiment envie de se mouiller les doigts de pied !

On préférait alors s'asperger d'odeurs et autres eaux de toilette couvrant les odeurs. L'idée reçue faisant de Versailles un lieu sale tient surtout au fait qu'il y avait beaucoup trop de personnes pour les commodités nécessaires disponibles. Le bain deviendra une part importante de l'atout séduction de Louis XIV avec ses maîtresses. S'il se frottait à mademoiselle de La Vallière dans son appartement des Bains, sous les salles d'État, il faut attendre madame de Montespan pour qu'il lui offre un bassin idéalement adapté aux longs tête-à-tête. Il faut croire que cet endroit était ravissant : sa construction dura neuf ans ! Tout en marbre, on y goûtait à la félicité amoureuse. Lorsque cette baignoire fut « déplacée », plus de 22 hommes furent mis à l'œuvre !

Mais le bain reste encore chose étrange et réservée à une certaine élite. Sous Louis XV, une comtesse fait la demande d'un bain dans ses appartements ; le directeur général des Bâtiments lui rétorque alors : « Je ne saurais prendre sur moi de faire faire ceux que demande Mme la Comtesse […] sans être autorisé par Sa Majesté […], mais certainement le Roi ne le permettra pas. » Ce qui ne se fit pas attendre : le même directeur dira quelques jours plus tard : « Sa Majesté n'entend point qu'il soit fait aucun bain pour quelques personnes qu'il soit à l'exception de la famille royale. Elle me l'a défendu expressément. » Nous sommes en 1765. Donc, on se lave à Versailles, mais… pas tout le monde !

Béchameil, pas qu'une sauce !

« BÉCHAMEIL, financier, surintendant de la maison de Monsieur, meurt fort vieux ; son esprit ; son goût exquis pour les tableaux, les pierreries, les meubles, les bâtiments, les jardins ; il est bien traité et consulté par le roi. Ses dépenses prodigieuses dans sa terre en Beauvoisis. Le comte de Grammont lui donne aux Tuileries un coup de pied dans le derrière dont Béchameil lui sait le meilleur gré, comme le comte l'avait prédit. »

Telle est la description faite de ce proche de Louis XIV, avec qui il s'entend dans les affaires, notamment côté décoration, mais aussi et surtout autour d'une table ! Béchameil (avec un « i ») laissera même son nom, quelque peu modifié à travers le temps, à la fameuse sauce béchamel, mélange égal de beurre et de farine, avec un jus de viande. Béchameil, maître d'hôtel de Louis XIV, en tire tous les mérites. On lui reproche d'avoir simplement adapté une recette déjà existante. Qu'importe. C'est Béchameil qui la sert à Louis XIV…

On remplacera par la suite le jus de viande par un produit lacté, pour gagner en velouté. Mais la recette portera toujours le nom de ce maître d'hôtel.

Latone, un bassin peut en cacher un autre…

L'un des plus beaux bassins des jardins de Versailles est celui dédié à la déesse Latone. Il représente la légende de Latone, qui usa de ses charmes auprès de Jupiter. La mère d'Apollon et de Diane trône avec ses enfants au milieu d'un bassin où des grenouilles, des tortues et des lézards crachent de l'eau. Pourquoi des grenouilles et des tortues ? Alors que les paysans de Lycie se moquaient d'elle, Latone exigea de Jupiter qu'il la venge. Sans hésiter, Jupiter fit d'eux de vulgaires batraciens.

On peut aussi y voir une autre leçon de morale, qui rappelle un épisode de la vie de Louis XIV, commanditaire de cette statue. En effet, ne rappelle-t-elle pas un épisode de sa propre vie ? Latone symbolise la reine mère, Anne d'Autriche, obligée de fuir avec ses deux enfants, le futur Louis XIV et son frère Philippe, le duc d'Orléans, durant la Fronde de 1648. Ils se réfugièrent à Saint-Germain-en-Laye. Les animaux transformés ne sont que les Parlementaires qui se rebellaient aux décisions prises alors par Mazarin. Jolie leçon de morale donnée par Le Nôtre aux courtisans et autres commensaux du roi Louis XIV quand il conçut cette fontaine au XVIIe siècle, avec Louis XIV (représenté, donc, en Apollon), le Roi-Soleil. Mansart achèvera de lui donner son aspect pyramidal spectaculaire.

Léonard, coiffeur pour dames

Il est un personnage du règne de Louis XVI, mais surtout de Marie-Antoinette, dont on doit ici faire le portrait. Léonard, ou Monsieur Antier de son vrai nom, est LE coiffeur star de la cour. Son coup de génie ? Avoir créé une coiffure en « hérisson » sur la tête de la reine Marie-Antoinette. Ce soir de bal là, tout le monde ne parle que de cette coiffure originale. Il n'est même plus question des créations de Rose Bertin. Non, seule la coiffure de la reine intrigue. Les belles de la cour veulent la même… Léonard devient vite le coiffeur qu'on s'arrache, aux dépens de l'ancien coiffeur de la reine, Lanseneur, que Marie-Antoinette n'aura pas à cœur de renvoyer. Elle préférera défaire ses compositions !

Léonard s'adapte aux situations politiques. Après la guerre de l'Indépendance américaine, il créera bon nombre de coiffures aux accents américains. Il déborde d'énergie et fait l'admiration de toutes ses clientes. Alors que le grand duc héritier de Russie passe à Versailles, son épouse, qui se fait alors appeler la « comtesse du Nord », reste totalement éblouie par cette composition unique et très originale que Léonard réalise sous ses yeux sur la chevelure de la reine Marie-Antoinette. Il s'amuse en effet à introduire entre les boucles de la tête royale de petites bouteilles pleines d'eau où il glisse des… fleurs. Pourquoi pas ? C'est le printemps ! Alors, célébrons la renaissance des fleurs qui apparaissent sur les parterres du hameau de la Reine ! La « comtesse du Nord » en reste baba.

Les coiffures de Léonard deviennent de plus en plus folles. De plus en plus hautes aussi ! On raconte les anecdotes liées à ces nouvelles conceptions hors du commun. Certaines belles se brûlent les cheveux aux lustres, d'autres voyagent à quatre pattes dans leurs calèches pour pouvoir contenir cette beauté capillaire…

Quoi qu'il en soit, Léonard impressionne et restera indiscutablement l'artiste coiffeur le plus à même de traduire l'air du temps en le saisissant à travers ses œuvres. Du grand art !

Versailles-sur-Siam

Louis XIV a envoyé une première ambassade en Thaïlande en 1685, avec le secret espoir que ces jésuites français parviennent à… évangéliser ce roi bouddhiste ! Cela marque une série d'échanges entre les deux souverains qui se respectent et s'apprécient. Phra Naraï adore les récits des guerres de Louis XIV. Dans son journal, le 19 novembre 1685, Choisy le décrit ainsi : « Il est assez maigre ; a de grands yeux noirs, vifs, pleins d'esprit. Il parle vite, et bredouille ; a une physionomie d'un bon homme. Il ne sera point damné, il connaît à demi la vérité : Dieu lui donnera la force de la suivre. » Différents cadeaux seront faits au roi et à sa famille :

- Coupe ronde de jade vert à godrons, d'origine moghole, dorée, d'une monture en argent doré.
- Vase de jade gris jaunâtre à taches noirâtres.
- Animal fantastique chinois, quartz morion.
- Statuette de la déesse bouddhique chinoise Kouan-Yin.
- Vase pagodite.
- Soucoupe de jade vert foncé.
- Coupe à arcs polylobes, jade olivâtre incrusté d'or et de rubis.
- Boite octogonale chinoise en laque rouge sculptée sur âme de bois.

- Vase balustre chinois « bleu et blanc » à décor sous couverte en bleu de cobalt.
- Chien de Fo, porcelaine blanche chinoise.
- Pot avec couvercle en porcelaine blanche avec décor en émaux de petit feu multicolores.
- Coupe sculptée avec come de rhinocéros.
- Plat rond en laque noir et or du Japon.
- Cabinet en laque du Japon reposant sur une console de bois sculpté et doré.

Le 1er septembre 1686, la cour de Versailles revêt ses plus beaux atours pour recevoir les ambassadeurs du roi du Siam Phra Naraï.

« On avait préparé au bout de la grande galerie du château, du côté de l'appartement de Madame la Dauphine, un trône élevé de six degrés, le tout couvert d'un tapis de Perse à fond d'or, enrichi de fleurs d'argent et de soie. Sur les degrés, on avait placé de grandes torchères et de grands guéridons d'argent ; au bas du trône, à droite et à gauche, en avant, on avait mis, d'espace en espace, de grandes cassolettes d'argent, chargées de vases d'argent. On avait ménagé un espace vide de quatre à cinq toises, où les mandarins qui étaient à la suite des ambassadeurs pussent être pendant l'audience, sans être pressés par les courtisans. »

Savant calcul de la part du monarque français, tant il faut lutter contre les Hollandais dans cette zone du monde, entre la Chine et l'Inde. L'ambassade siamoise compte plus de 1 500 personnes. Les émissaires remirent à Louis XIV, pourtant souffrant, une lettre de leur roi. Voltaire, dans son *Siècle de Louis XIV*, évoque ainsi la magnificence déployée à cette occasion, mais surtout les enjeux d'une telle politique :

« L'extrême goût que Louis XIV avait pour les choses d'éclat fut encore bien plus flatté par l'ambassade qu'il reçut de Siam, pays où l'on avait ignoré jusqu'alors que la France existât. Il était arrivé, par une de ces singularités qui prouvent la supériorité des Européens sur les autres nations, qu'un Grec, fils d'un cabaretier de Céphalonie, nommé Phalk Constance, était devenu Barcalon, c'est-à-dire premier ministre ou grand vizir du royaume de Siam. Cet homme, dans le dessein de s'affermir et de s'élever encore, et dans le besoin qu'il avait de secours étrangers, n'avait osé se confier ni aux Anglais ni aux Hollandais ; ce sont des voisins trop dangereux dans les Indes.

« Les Français venaient d'établir des comptoirs sur les côtes de Coromandel, et avaient porté dans ces extrémités de l'Asie la réputation de leur roi. Constance crut Louis XIV propre à être flatté par un hommage qui viendrait de si loin sans être attendu.

« La religion, dont les ressorts font jouer la politique du monde depuis Siam jusqu'à Paris, servit encore à ses desseins. Il envoya, au nom du roi de Siam, son maître, une solennelle ambassade avec de grands présents à Louis XIV, pour lui faire entendre que ce roi indien, charmé de sa gloire, ne voulait faire de traité de commerce qu'avec la nation française, et qu'il n'était pas même éloigné de se faire chrétien. La grandeur du roi flattée, sa religion trompée, l'engagèrent à envoyer au roi de Siam deux ambassadeurs et des jésuites ; et depuis il y joignit des officiers avec huit cents soldats : mais l'éclat de cette ambassade siamoise fut le seul fruit qu'on en retira.

« Constance périt quatre ans après, victime de son ambition : quelque peu des Français qui restèrent auprès de lui furent massacrés, d'autres obligés de fuir ; et sa veuve, après avoir été sur le point d'être reine, fut condamnée, par le successeur du roi de Siam, à servir dans la cuisine, emploi pour lequel elle était née. »

Tout ça pour ça ! Le successeur du roi siamois ferma alors toute porte à la négociation avec les Français et poursuivit ses rapports avec la Hollande, au grand dam de Louis XIV.

Un beau palais à l'abandon

Après avoir connu les fastes et les grands travaux, le château de Versailles a été tout simplement « mis de côté ». Associé à la royauté, après la Révolution, le domaine sera quelque peu remis d'aplomb avec l'arrivée de Napoléon au pouvoir. L'Empereur pense même s'y installer, mais, face à l'importance des travaux, il renonce. Avec la Restauration, les amis du château reprennent espoir. Versailles est devenu une sorte de ruine romantique. Alfred de Musset y compose d'ailleurs ces vers en 1848, après la monarchie de Juillet.

SUR TROIS MARCHES
DE MARBRE ROSE

Depuis qu'Adam,
ce cruel homme,
A perdu son fameux jardin,
Où sa femme, autour d'une
pomme,
Gambadait sans vertugadin,
Je ne crois pas
que sur la terre
Il soit un lieu
d'arbres planté
Plus célébré, plus visité,
Mieux fait, plus joli,
mieux hanté,
Mieux exercé dans
l'art de plaire,
Plus examiné, plus vanté,
Plus décrit, plus lu,
plus chanté,
Que l'ennuyeux parc
de Versailles.
Ô dieux ! ô bergers !
ô rocailles !
Vieux Satyres, Termes
grognons,
Vieux petits ifs en rangs
d'oignons,
Ô bassins, quinconces,
charmilles !
Boulingrins pleins

de majesté,
Où les dimanches,
tout l'été,
Bâillent tant d'honnêtes
familles !
Fantômes d'empereurs
romains,
Pâles nymphes inanimées
Qui tendez aux passants
les mains,
Par des jets d'eau tout
enrhumées !
Tourniquets d'aimables
buissons,
Bosquets tondus
où les fauvettes
Cherchent en pleurant
leurs chansons,
Où les dieux font tant
de façons
Pour vivre à sec dans
leurs cuvettes !
Ô marronniers !
n'ayez pas peur ;
Que votre feuillage
immobile,
Me sachant versificateur,
N'en demeure pas moins
tranquille.
Non, j'en jure par Apollon
Et par tout le sacré vallon,
Par vous, Naïades ébréchées,
Sur trois cailloux si mal
couchées,
Par vous, vieux maîtres
de ballets,
Faunes dansant
sur la verdure,
Par toi-même,
auguste palais,
Qu'on n'habite plus
qu'en peinture,
Par Neptune, sa fourche
au poing,
Non, je ne vous décrirai
point.
Je sais trop ce qui vous
chagrine ;
De Phoebus je vois
les effets :
Ce sont les vers
qu'on vous a faits
Qui vous donnent
si triste mine.
Tant de sonnets,
de madrigaux,
Tant de ballades,
de rondeaux,
Où l'on célébrait
vos merveilles,
Vous ont assourdi
les oreilles,
Et l'on voit bien
que vous dormez
Pour avoir été trop rimés.
En ces lieux
où l'ennui repose,
Par respect aussi
j'ai dormi.
Ce n'était, je crois,
qu'à demi :
Je rêvais à quelque
autre chose.
Mais vous souvient-il,

mon ami,
De ces marches
de marbre rose,
En allant à la pièce d'eau
Du côté de l'Orangerie,
À gauche, en sortant
du château ?
C'était par là, je le parie,
Que venait le roi
sans pareil,
Le soir, au coucher
du soleil,
Voir dans la forêt,
en silence,
Le jour s'enfuir
et se cacher
(Si toutefois en sa présence
Le soleil osait se coucher).
Que ces trois marches
sont jolies !
Combien ce marbre
est noble et doux !
Maudit soit du ciel,
disions-nous,
Le pied qui les aurait salies !
N'est-il pas vrai ?
Souvenez-vous.
Avec quel charme
est nuancée
Cette dalle à moitié cassée !
Voyez-vous
ces veines d'azur,
Légères, fines et polies,
Courant, sous les roses
pâlies,
Dans la blancheur
d'un marbre pur ?

Tel, dans le sein robuste
et dur
De la Diane chasseresse,
Devait courir un sang divin ;
Telle, et plus froide,
est une main
Qui me menait naguère
en laisse.
N'allez pas, du reste, oublier
Que ces marches dont
j'ai mémoire
Ne sont pas dans
cet escalier
Toujours désert et plein
de gloire,
Où ce roi, qui n'attendait
pas,
Attendit un jour, pas à pas,
Condé, lassé
par la victoire.
Elles sont près d'un vase
blanc,
Proprement fait
et fort galant.

Est-il moderne ?
est-il antique ?
D'autres que moi
savent cela ;
Mais j'aime assez
à le voir là,
Étant sûr qu'il n'est point
gothique.
C'est un bon vase,
un bon voisin ;
Je le crois volontiers cousin
De mes marches
couleur de rose ;
Il les abrite avec fierté.
Ô mon Dieu ! dans
si peu de chose
Que de grâce
et que de beauté !
Dites-nous, marches
gracieuses,
Les rois, les princes,
les prélats,
Et les marquis
à grands fracas,
Et les belles ambitieuses,
Dont vous avez
compté les pas ;
Celles-là surtout, j'imagine,
En vous touchant
ne pesaient pas.
Lorsque le velours
ou l'hermine
Frôlaient vos contours
délicats,
Laquelle était
la plus légère ?
Est-ce la reine Montespan ?
Est-ce Hortense
avec un roman,
Maintenon avec
son bréviaire,
Ou Fontange avec
son ruban ?
Beau marbre, as-tu
vu La Vallière ?
De Parabère ou de Sabran
Laquelle savait mieux
te plaire ?
Entre Sabran et Parabère
Le Régent même,
après souper,
Chavirait jusqu'à
s'y tromper.
As-tu vu le puissant Voltaire,
Ce grand frondeur des
préjugés,
Avocat des gens mal jugés,
Du Christ ce terrible
adversaire,
Bedeau du temple de
Cythère,
Présentant à la Pompadour
Sa vieille eau bénite
de cour ?
As-tu vu, comme
à l'ermitage,
La rondelette Du Barry
Courir, en buvant
du laitage,
Pieds nus, sur le gazon
fleuri ?
Marches qui savez notre
histoire,
Aux jours pompeux

de votre gloire,
Quel heureux monde
en ces bosquets !
Que de grands seigneurs,
de laquais,
Que de duchesses,
de caillettes,
De talons rouges,
de paillettes,
Que de soupirs
et de caquets,
Que de plumets
et de calottes,
De falbalas et de culottes,
Que de poudre
sous ces berceaux,
Que de gens, sans
compter les sots !
Règne auguste
de la perruque,
Le bourgeois qui
te méconnaît
Mérite sur sa plate nuque
D'avoir un éternel bonnet.
Et toi, siècle à l'humeur
badine,
Siècle tout couvert
d'amidon,
Ceux qui méprisent
ta farine
Sont en horreur
à Cupidon !…
Est-ce ton avis, marbre
rose ?
Malgré moi, pourtant,
je suppose
Que le hasard
qui t'a mis là
Ne t'avait pas fait
pour cela.
Aux pays où le soleil brille,
Près d'un temple grec
ou latin,
Les beaux pieds d'une
jeune fille,
Sentant la bruyère
et le thym,
En te frappant de leurs
sandales,
Auraient mieux réjoui
tes dalles
Qu'une pantoufle de satin.
Est-ce d'ailleurs
pour cet usage
Que la nature avait formé
Ton bloc jadis vierge
et sauvage
Que le génie eût animé ?
Lorsque la pioche
et la truelle
T'ont scellé dans
ce parc boueux,
En t'y plantant
malgré les dieux,
Mansart insultait Praxitèle.
Oui, si tes flancs devaient
s'ouvrir,
Il fallait en faire sortir
Quelque divinité nouvelle.
Quand sur toi leur scie
a grincé,
Les tailleurs de pierre
ont blessé
Quelque Vénus

dormant encore,
Et la pourpre qui te colore
Te vient du sang
qu'elle a versé.

Est-il donc vrai
que toute chose
Puisse être ainsi foulée
aux pieds,
Le rocher où l'aigle
se pose,
Comme la feuille de la rose
Qui tombe et meurt
dans nos sentiers ?
Est-ce que la commune
mère,
Une fois son œuvre
accompli,
Au hasard livre la matière,
Comme la pensée
à l'oubli ?
Est-ce que la tourmente
amère
Jette la perle au lapidaire
Pour qu'il l'écrase
sans façon ?
Est-ce que l'absurde vulgaire
Peut tout déshonorer
sur terre
Au gré d'un cuistre
ou d'un maçon ?

Une journée avec Marie-Antoinette

Pas encore reine, Marie-Antoinette raconte à sa mère, l'impératrice Marie-Thérèse (1717-1780), sa journée auprès du Dauphin, son époux :

« Votre Majesté est bien bonne de vouloir bien s'intéresser à moi et même de vouloir savoir comme je passe ma journée.

« Je lui dirai donc que je me lève à dix heures ou à neuf heures et demie, et, m'ayant habillée, je dis mes prières du matin ; ensuite je déjeune, et de là, je vais chez mes tantes [les tantes, ou Mesdames, étaient les trois filles non mariées de Louis XV : madame Adélaïde, madame Victoire, madame Sophie] où se trouve ordinairement le Roi [c'était habituellement dans l'appartement de ses filles qu'il allait prendre son café le matin]. Cela dure jusqu'à dix heures et demie ; ensuite à onze heures je vais me coiffer.

« À midi on appelle la chambre, et là tout le monde peut entrer, ce qui n'est point des communes gens. Je mets mon rouge et lave mes mains devant tout le monde ; ensuite les hommes sortent et les dames restent, et je m'habille devant elles.

« À midi est la messe ; si le Roi est à Versailles, je vais avec lui et mon mari et mes tantes à la messe ; s'il n'y est pas, je vais seule avec Monsieur le Dauphin, mais toujours à la même heure.

« Après la messe nous dînons à nous deux devant tout le monde, mais cela est fini à une heure et demie, car nous mangeons fort vite tous deux.

« De là je vais chez Monsieur le Dauphin, et s'il a affaires je reviens chez moi, je lis, j'écris ou je travaille ; car je fais une veste pour le Roi, qui n'avance guère, mais j'espère qu'avec la grâce de Dieu elle sera finie dans quelques années.

« À trois heures je vais encore chez mes tantes, où le Roi vient à cette heure-là ; à quatre heures l'abbé vient chez moi ; à cinq heures tous les jours le maître de clavecin ou à chanter jusqu'à six heures.

« À six heures et demie je vais presque toujours chez mes tantes, quand je ne vais point me promener ; il faut savoir que mon mari va presque tous les jours avec moi chez mes tantes.

« À sept heures on joue jusqu'à neuf heures, mais quand il fait beau je m'en vais promener, et alors il n'y a point de jeu chez moi, mais chez mes tantes.

« À neuf heures nous soupons, et quand le Roi n'y est point, mes tantes viennent souper chez nous ; mais quand le Roi y est, nous allons souper chez elles ; nous attendons le Roi, qui vient ordinairement à dix heures trois quarts, mais moi en attendant me place sur un grand canapé et dors jusqu'à l'arrivée du Roi ; mais quand il n'y est pas nous allons nous coucher à onze heures.

« Voilà toute notre journée. […] Je vous supplie, ma très chère mère, de pardonner si ma lettre est trop longue, mais c'est mon seul plaisir de m'entretenir avec elle. Je lui demande encore pardon si la lettre est sale, mais je l'ai dû écrire deux jours de suite à la toilette, n'ayant pas d'autre temps à moi. »

Sortez les chaufferettes !

L'hiver 1709 à Versailles et partout ailleurs en France est terriblement polaire. Des températures souvent négatives balaient tout le territoire, mais aussi le reste de l'Europe.

Au château, seule la chambre du roi est chauffée. Le reste des étages souffre de ces aléas climatiques. « Le roi n'a point voulu aujourd'hui aller à Trianon, parce qu'il vit hier, en allant à Marly, que ses gardes et les officiers qui le suivaient souffraient trop du froid excessif qu'il fait, car, pour lui, ni le froid ni le chaud, quelque temps qu'il fasse, ne l'incommode jamais », précise dans son journal le marquis de Dangeau (1638-1720).

Les oiseaux mouraient en plein vol, le pain à table gelait directement si on ne l'avalait pas assez vite ! Le roi, même, déjà âgé, se retira chez sa maîtresse, madame de Maintenon, histoire de trouver quelque chaleur providentielle !

Précision subtile des commentateurs de l'époque : « L'eau de la reine de Hongrie, les élixirs les plus forts et les liqueurs les plus spiritueuses cassèrent les bouteilles dans les armoires de chambres à feu et environnées de tuyaux de cheminées, dans plusieurs appartements de Versailles. »

Sur le territoire français, à l'heure du dégel, on décompte presque deux millions de morts. Une hécatombe, alors que les récoltes s'annoncent difficiles.

La serrure à secret du roi serrurier

Louis XVI adorait les serrures. Un passe-temps comme un autre, direz-vous… À Versailles, il se prit de passion dans son petit atelier, au cinquième étage, sous les combles (on en a gardé des traces), au-dessus de la bibliothèque, pour cet art si particulier et tellement manuel. Aucun membre de la famille royale ne vient perturber le roi en bras de chemise au-dessus de sa forge. Car Louis XVI est manuel ! En l'occurrence, il est guidé par le fils de Nicolas Gamain, ancien entrepreneur des Bâtiments du roi. Son fils, François, né en 1751, fort habile, devient serrurier à Versailles. Louis XVI lui voue une grande estime.

À force de conversations et surtout d'expériences communes autour des serrures, Louis XVI nomme le jeune garçon serrurier de ses Cabinets. Ils s'amusent à faire ensemble des serrures, mais aussi des cadenas, des clés, etc. D'où vient ce goût des serrures à Louis XVI ? Certains experts y ont vu le souhait de se libérer du joug de son frère mort sous ses yeux, le duc de Bourgogne.

À la mort de son père, François Gamain, lui, prend la charge de serrurier des Bâtiments du roi. Une grande reconnaissance ! Une reconnaissance toutefois qui ne plaît pas à tout le monde. On reproche ce côté

« populaire » de l'amitié que porte le roi pour ce simple serrurier. L'un des contempteurs du serrurier du roi dira même à ce dernier : « Sire, quand les rois s'occupent des ouvrages du peuple, le peuple s'empare des fonctions des rois. » Plutôt clair et plutôt… prémonitoire ! Le temps est donc à la révolte.

Louis XVI, une fois transporté aux Tuileries, décide de faire construire une armoire de fer à son cher ami serrurier. Mais pas n'importe laquelle ! Il souhaite qu'elle reste invisible…

Pour ce faire, Gamain réalise près de la chambre du roi une porte en fer, imitant la pierre du mur. On n'y voit que du feu ! Louis XVI y place les documents secrets de ses relations avec les dirigeants européens et américains. La serrure est tellement secrète qu'elle ne se voit même pas, bien cachée qu'elle est dans les rainures imitant la pierre.

Revirement de situation avec la Révolution. Gamain devient de plus en plus proche des idées révolutionnaires. Marie-Antoinette a vent des idées de l'ami de son époux et lui en fait part. Louis XVI décide alors de retirer les documents compromettants de l'armoire. Il les confie à une fidèle de son épouse. François Gamain est devenu un membre du conseil général de la commune de Versailles. Où des antennes et membres de la commune de Paris viennent souvent prendre des informations… Bientôt, Gamain est chargé de supprimer de Versailles toute trace liée à la royauté ! Puis, l'ancien ami serrurier révèle la présence de cette armoire secrète. Avec un peu de retard quand même… Remords ? Souhait d'y trouver des documents ou de l'argent avant les autres ?

« Je soussigné, François Gamain, serrurier et notable de la maison commune de la ville de Versailles, déclare

que dans le courant d'avril de la dit anné j'ai été chargé, avec mistère, par Louis Seize de pratiquée une ouverture dans l'épaisseur du mure, de face, des Thuillerie qui regarde le couchant, au passage de la chambre à couchéz, que j'ai été chargé en outre de recouvrée cette ouverture par une porte de tolle de fere forte fermé, avec une serrure de sûreté, que je n'ai jamais su pour quel usage cette ouverture a été pratiquée, mais que simplement que cette ouverture pouvait contenire des pièces emportentes au salut de la République.

« J'ai cru, devoire, en décharger ma conscience et en faire la révélation au citoyen Heurtier, mon supérieur, dont je me flatte d'avoir la confiance à tous égard. Je déclare donc que le dix-huit novembre dernier j'ai déposé mon ségré dans le sein du citoyen heurtier, que j'ai ensuite été appelé à paris par lui, de la part du Ministre, de l'intéreure ou m'étant transporté le ving dumaime mois, j'ai accompagné le ministre aux thuilleries pour lui indiquer l'ouverture en question. Je déclare en outre que le meime jour j'ai ouvert par ordre du Ministre la porte qu'il recouvrait la ditte cachette dans laquelle le Ministre a trouvé des papiers qu'il a fait emparqueté, en présent du citoyen heurtier et de moy, pour être le tous transporté à la Convention nationale par des personnes qu'il a fait appelée à cet effet.

« Fait à Paris ce premier décembre 1792, premier de la République française. François GAMAIN.

« Je, soussigné, architecte, inspecteur général des Batimens nationaux, atteste la sincérité des faits articulés dans la presente déclaration du citoyen Gamain. J'atteste, en outre, que je n'ai pas perdu les papiers de vüe, depuis le moment où ils ont été découverts, jusqu'à celui où le ministre que j'ai toujours accompagné est entré à la Convention, pour les y déposer, et que l'ordre dans lequel ces papiers ont été trouvés n'a même pas été dérangé.

« À Paris, le 1er décembre 1792 l'an 1er de la République française. HEURTIER. »

Toutes les pièces découvertes dans cette armoire sont versées au dossier d'accusation du roi, et François Gamain est un membre honorable et honoré de la Révolution. Après la mort du roi, Gamain perd tous ses mandats républicains. Il en appelle à la Convention, demande qu'on l'aide. Une pétition est lancée à son sujet et lue par un curé de Falleron en Vendée. Gamain affirme même avoir été empoisonné par le roi !

« Quelques heures après qu'il eut avalé ce verre de vin, il fut atteint d'une colique violente, qui ne se calma qu'après qu'il eut pris une ou deux cuillerées d'élixir, qui lui firent rendre tout ce qu'il avait mangé ou bu dans la journée. Il s'en est suivi une maladie terrible qui a duré quatorze mois, dans lesquels il en a été neuf perclus de ses membres, et qui même, dans cet instant, ne lui laisse aucun espoir que sa santé se rétablisse assez pour lui permettre de vaquer à ses affaires d'une manière à subvenir aux besoins de sa famille. »

Puis il parle d'un empoisonnement tenté par la reine à coups de brioche (décidément, la brioche reste très liée à Marie-Antoinette !). Il obtient donc une pension annuelle de 1 200 livres, mais n'en profitera qu'une année : il meurt le 19 floréal an III, c'est-à-dire le 8 mai 1795. Traces d'un empoisonnement ? En tout cas, la fin brutale d'une amitié !

Même les arbres dansent à Versailles

Charles Nicolas Cochin (1715-1790) grava la « décoration au bal masqué donné par le roi dans la grande galerie du château de Versailles, à l'occasion du mariage de Louis, dauphin de France, avec Marie-Thérèse, Infante d'Espagne, la nuit du 25 au 26 février 1745 ». En effet, on donna une grande mascarade pour ces noces royales dans la galerie des Glaces.

Pourquoi un bal masqué ? Louis XV pouvait ainsi aller batifoler au nez et à la barbe de sa femme ! L'ensemble du château et de la galerie fut décoré de façon somptueuse. Le salon d'Hercule, où les premiers arrivés attendirent, était paré de tentures rouges luxueuses. Mille et une bougies furent disposées çà et là dans le château, vite remplacées dès que l'une s'éteignait pour que Versailles brille sans cesse. Pour ce bal, aucune invitation n'était nécessaire ; il suffisait qu'un des membres de l'équipée soit non masqué à la porte d'entrée du bal où les huissiers avaient consigne de pouvoir laisser passer quiconque… Les buffets étaient grandioses, composés en fonction du carême (eh oui !), donc sans viande, avec moult pâtés de poisson, pyramides de fruits frais, et autres confitures et sirops. Idem côté déguisements, où l'on vit des débauches de couleurs et de formes originales. Ainsi, Scaramouche fraya avec Pierrot ; Arlequin, avec une nymphe ou des Indiens, des Turcs dotés de grands turbans ; des magiciens papotaient avec des bergers et des bergerettes, quand ce n'était pas quelque déesse éblouissante qui retenait l'attention des invités d'un jour. Pourtant, jusqu'à présent, on préférait se déguiser en… « urne » ou en « garniture de cheminée » ! La reine apparut à minuit, sans masque, avec une tenue blanche rehaussée de perles sur sa veste. À ses côtés, le Dauphin et la Dauphine, tous deux déguisés en jardinier et marchande de fleurs. Les bals masqués offrent leur lot de surprises. La princesse de Conti, mère de la duchesse de Chartres, s'amusa tant et tant qu'elle dut se retirer dans un salon voisin et se reposer un peu. Elle enleva son masque. Personne ne la reconnut et, surtout, personne ne lui laissa de place pour s'asseoir. Outrée, elle quitta l'assemblée. La princesse de Conti, tout de même !

D'autres évènements survinrent. Quelque temps plus tard, les portes s'ouvrirent sur huit invités déguisés… en ifs ! Tout vert, comme dans le parc de Versailles voisin, avec des trous pour les yeux. Quelque temps auparavant, madame de Châteauroux (1717-1744), la maîtresse officielle de Louis XV, mourut. Toutes les jeunes femmes souhaitaient la remplacer dans le cœur du roi. Et toutes les prétendantes présentes à ce bal crurent voir à travers cet accoutrement primesautier la présence du roi. Mais derrière quel if se cachait-il donc ? L'une des jeunes femmes qui parviendrait à déceler le visage du roi derrière ces troncs masqués pourrait peut-être gagner le cœur royal esseulé...

Ce soir-là, seule madame d'Étiolles réussit à séduire, sans vraiment le savoir au préalable, le roi Louis XV. Elle sera invitée par la suite aux autres bals donnés par le roi, et présentée à la cour sous le nom de « marquise de Pompadour ». C'était le début d'une grande idylle, l'une des plus importantes pour Louis XV en tout cas ! Le bal masqué se termina toutefois ce jour-là à 8 h 30.

Font pas les choses à moitié à Versailles !

La Perse à Versailles

On trouve dans le délicieux *Guide de Versailles mystérieux*, paru pour la première fois en 1966, aux éditions Tchou, des anecdotes truculentes et savoureuses. Ainsi, arrêtons-nous sur celle concernant la rue de l'Orangerie, où l'on apprend qu'y vivait autrefois le marquis de Seignelay, autrement connu pour être le fils de Colbert. En cet hôtel, en 1727, fut posée la création d'un certain Antoine Duchesne, qui inventa pour les fenêtres situées au sud les « premiers contrevents en lames inclinées, depuis nommées jalousies ou persiennes, par leur ressemblance avec certaines claires voies des sérails de Perse ». D'où le mot « persienne » ! Et certainement les premières persiennes de France !

Mademoiselle de la Vallière, un cœur simple

Des maîtresses de Louis XIV, on connaît souvent la Montespan et madame de Maintenon. On connaît moins mademoiselle de La Vallière, qui eut un sort pour le moins original. Marié en juin 1660 avec Marie-Thérèse d'Autriche, Louis XIV tombe littéralement sous le charme de Louise Françoise de La Vallière, qui n'est autre que la fille d'honneur de sa belle-sœur.

C'est à cette demoiselle qu'il dédia la première des grandes fêtes de Versailles en 1664. On la dit fraîche ; Saint-Simon la décrit comme une sainte ; elle boite un peu. Elle a 17 ans, et Louis XIV doit oublier son amour de jeunesse, Marie Mancini. On vit même le roi escalader les balcons du château pour venir rendre visite à la belle jeune femme diaphane, à la voix douce, qui se pique au jeu, les yeux embués de larmes. Elle a pour elle d'être naturelle, de ne pas courir après les honneurs.

L'abbé de Choisy, à son sujet, écrit d'ailleurs : « Mlle de La Vallière avait le teint beau, les cheveux blonds, le sourire si agréable, les yeux bleus, et le regard si tendre, et en même temps modeste, [...] au reste, assez peu d'esprit. Point d'ambition, point de vues. »

Leur relation commence à s'ébruiter. Du roi, elle aura deux enfants, élevés par la femme de Colbert. D'ailleurs, quand leur relation est connue, mademoiselle de La Vallière prend peur. Elle se sent mal à l'aise vis-à-vis de la reine. Elle essaie de repousser les ardeurs du roi, qui n'a de cesse de la poursuivre, ou de vouloir la rejoindre dans la forêt ou dans sa chambre.

Louise décide de se retirer de la cour. « Elle était une petite violette qui se cachait dans l'herbe, et qui était honteuse d'être maîtresse, d'être mère et d'être duchesse. » C'est ainsi que la jeune femme se réfugie au couvent de Sainte-Marie, à Chaillot. Le roi tente de la faire revenir à la cour. Il y parvient. Mais une lettre anonyme, écrite par une autre maîtresse du roi, dévoile le pot aux roses à la reine. Puis vient la Montespan, et Louise de La Vallière décide de définitivement se retirer, prend le voile et devient carmélite en 1674. Elle a 30 ans.

La cour… des animaux

À Versailles, la cour n'est pas seulement celle des courtisans, c'est aussi une véritable cour où résident des animaux, dans une ménagerie conçue et imaginée par et pour Louis XIV, à l'origine avec Le Vau. Puis, à la mort de Louis XIV, c'est sa petite-fille par alliance, la duchesse, puis Dauphine de Bourgogne (1685-1712), qui gérera l'endroit. L'un des visiteurs versaillais en fit une description :

« C'est un petit château bâti sur les dessins de J. H. Mansart, pour y prendre les plaisirs de la vie champêtre et de la solitude, où feu Madame la Dauphine de Bourgogne était fort souvent. On y renferme une quantité d'oiseaux et d'animaux curieux, et de toutes espèces les plus rares. D'abord, vous vous rendrez, d'une première cour dans une seconde, où vous verrez un petit bâtiment en dôme de figure octogone, dont l'escalier conduit dans un salon magnifique, aux deux côtés duquel sont deux appartements que cette défunte princesse occupait par semestre.

« Ce salon est octogone, tout doré, et rempli de glaces et de belles peintures : il y a autour un balcon de fer doré, d'où vous verrez les cours et les environs. Chaque appartement est composé de cinq pièces : celui d'été, qui est à droite, est orné de peintures d'une grande beauté, et d'un grand nombre de petits tableaux excellents. Celui d'hiver est à gauche, peint et orné de même. Descendez pour voir le dessous, c'est une fort belle grotte ; mais gardez-vous d'un jet d'eau tournant qui est au milieu, aussi bien que des sources qui donnent de l'eau jusque dessus les montées : il vaut mieux rire aux dépens d'autrui, qu'aux vôtres. Après avoir vu les appartements, examinez la cour octogone : remarquez qu'elle est remplie d'un grand nombre de petits tuyaux souterrains ; lorsque l'on les sait jouer, ils forment une espèce de parterre de jets d'eau, qui donnent le plaisir de voir mouiller copieusement ceux qui ne s'en méfient pas.

« Au bout de cette cour, vous en devez voir sept autres séparées par de grandes grilles : chacune de ces cours renferme différentes espèces d'animaux, et ce qui leur est nécessaire. Depuis la mort de Louis XIV, les environs de ce lieu ont bien changé ; les terres, quoique dans le grand parc, sont labourées et ensemencées.

« La volière de la ménagerie est la plus belle et la plus magnifique de France, elle est toujours remplie d'oiseaux d'une singularité et d'une rareté extraordinaire »[1].

On note aussi que, dans les sept petites cours aménagées et décrites, on trouve la basse-cour de la ferme, la cour des aigles, la cour des autruches, la cour du rondeau, avec un bassin rond, la cour des pélicans, la cour des demoiselles de Numidie (des grues demoiselles) et de la volière, et enfin la cour des belles poules. Viendront ensuite des animaux encore plus exotiques sous Louis XV, comme un rhinocéros ou même des tigres.

Panique au château

Grâce à l'action du président Jean-Jacques Aillagon, en poste à la tête de l'établissement public du château, du musée et du domaine de Versailles, entre 2007 et 2011, le château de Versailles fut au centre de l'actualité et de quelques polémiques, notamment à l'occasion

1. Le Rouge, Georges-Louis, *Curiosités de Paris, Versailles, Marly, Vincennes, Saint-Cloud et des environs*, 1778.

d'expositions d'art contemporain pour le moins novatrices et originales. Ainsi put-on voir dans les travées du château des œuvres colorées et réputées de Jeff Koons[1].

En 2008-2009, la première rétrospective de cet artiste américain (ancien époux de la star de films X, la Cicciolina), dans les Grands Appartements ou la galerie des Glaces, a réveillé l'œil du public, par les formes disproportionnées et colorées de ses œuvres dans ces pièces pourtant si familières du château. Rien de tel pour rééduquer l'œil que le contraste ! Pas mal d'associations et descendants de la famille royale ont été choqués par ces rapprochements impromptus. Le Split Rocker de Koons sur le parterre de l'Orangerie, il n'y a pas à dire, ça marque les esprits !

D'autres expositions tout aussi originales ont pu offrir d'autres perspectives à l'endroit, à travers des œuvres singulières de Xavier Veilhan, comme son *Carrosse*, ou encore l'*Oval Bouddha* sur le parterre d'eau de l'artiste japonais Takashi Murakami ou encore des sculptures monumentales de Bernar Venet comme ses arcs rouges intitulés *86,5° Arc x 16*, entourant la statue équestre de Louis XIV sur la place d'Armes. Il a même fallu pour l'occasion dépaver certaines zones afin d'installer ces deux grands arcs de plus de 22 mètres de hauteur. Magistral ! De quoi renouer avec la grandeur, la magnificence d'antan et les grands projets architecturaux de Versailles de manière toute contemporaine.

1. http ://www.jeffkoonsversailles.com/fr.

Le roi découche

Louis XV n'avait pas le même goût ostentatoire que son aïeul, mais respectait toujours l'étiquette. Et surtout, il avait très froid dans la chambre de son aïeul. Plus de 90 mètres carrés et 10 mètres de hauteur sous plafond, pas facile à chauffer ! Il quitta l'est pour le sud, et se fit décorer une chambre plus modeste (!) par Ange-Jacques Gabriel (1698-1782) et Jacques Verbeckt. Le blanc domine dans l'ensemble, les frises et décors des panneaux muraux dorés, mais surtout l'ensemble était correctement chauffé ! Le roi ne rompit pas pour autant avec le cérémonial et, chaque matin, il sortait de sa chambre pour rejoindre celle de son illustre ancêtre et assister au grand lever. La tradition était donc bien ancrée !

Le soir, il retrouvait, en peignoir, sa petite chambre, tout simplement. Aussi simple que cela ! À l'intérieur de sa propre chambre, par contre, il avait établi une nouvelle hiérarchie, choisi ses proches. Idem côté « public ». On distinguait nettement le « monde », les ministres, ambassadeurs, grands officiers, avec lesquels Louis XV s'entendait dans la journée officielle, et les relations « intimes » qu'il accueillait dans son appartement, des amis.

La Pompadour présidait ces relations amicales. Le roi s'amusait à cuisiner pour ses convives, et eux cuisinaient pour le roi. Monsieur de Coigny, paraît-il, était fort en rôti, et le roi ne se débrouillait pas si mal en poulet au basilic. À la bonne heure ! On s'amusait de comédie et de discussions légères. Le roi avait aussi fait aménager un endroit plus retiré, où il lisait les informations transmises par ses espions de par le royaume. Il cachait toutes ces informations délicates et secrètes dans un… secrétaire (d'où le nom).

Ce bureau du roi, secrétaire à cylindres, toujours à Versailles, est un des chefs-d'œuvre de l'ébénisterie, qui coûta plus de 62 000 livres. Il fut réalisé par Jean-François Oeben (1721-1763) et terminé par Jean-Henri Riesener (1734-1806) en 1769. Techniquement remarquable – un simple quart de tour de clé permettait son ouverture et sa fermeture, tant du cylindre que des tiroirs, il vaut aussi pour la qualité des bois et autres matières précieuses utilisées : on retrouve de l'acajou, du sycomore, de la violette et des bronzes magnifiquement ouvragés. Un travail d'orfèvre, qui mobilisa d'ailleurs 14 corps de métiers différents. Le système était tellement bien verrouillé, que les valets chargés de réassortir en papier le bureau du roi le faisaient par des trappes secrètes. Difficile à percer !

Pas un, pas deux, mais trois traités de Versailles !

Tous les petits écoliers apprennent encore aujourd'hui que le traité mettant fin au conflit armé entre les Alliés et l'Allemagne fut signé à Versailles le 28 juin 1919. Il mettait l'Allemagne hors jeu et semait les prémices d'un conflit armé futur. Clemenceau, Wilson, Lloyd George et Orlando menèrent les négociations. Les discussions allèrent bon train. Et tout ceci se déroula naturellement à Versailles, symbole de la puissance des Alliés unis.

Tout un symbole, en effet ! Toutefois, on connaît bien moins les deux autres traités en ce même endroit. Remontons dans le temps. Le tout premier traité signé à Versailles date du 1er mai 1756 entre la France et la Prusse. Ce fidèle allié s'était rapproché de l'Angleterre, et la France souhaitait à l'égard de ce partenaire des gages de neutralité. Quelques années plus tard, place au deuxième traité de Versailles, signé le 3 septembre 1783, pour finaliser la guerre d'Indépendance des États-Unis. Des pourparlers avaient été entamés entre la France et les États-Unis. Louis XVI reçut même Benjamin Franklin à Versailles pour engager les négociations. Un sacré souvenir pour madame Campan, l'habilleuse de Marie-Antoinette.

« Franklin avait paru à la cour avec le costume de

cultivateur américain : ses cheveux plats sans poudre, son chapeau rond, son habit de drap brun, contrastaient avec les habits pailletés, brodés, les coiffures poudrées et embaumantes des courtisans de Versailles. Cette nouveauté charma toutes les têtes vives des femmes françaises. On donna des fêtes élégantes au docteur Franklin, qui réunissait la renommée d'un des plus habiles physiciens aux vertus patriotiques qui lui avaient fait embrasser le noble rôle d'apôtre de la liberté. J'ai assisté à l'une de ces fêtes, où la plus belle, parmi trois cents femmes, fut désignée pour aller poser, sur la blanche chevelure du philosophe américain, une couronne de laurier, et deux baisers aux joues de ce vieillard. Jusque dans le palais de Versailles, à l'exposition des porcelaines de Sèvres, on vendait, sous les yeux du roi, le médaillon de Franklin ayant pour légende : *Eripuit coelo fulmen sceptrumque tyrannis.* »[1]

Ainsi, l'Angleterre reconnaissait les 13 États unis d'Amérique dans un bureau du château de Versailles. La France retrouvait les comptoirs du Sénégal (entre

1. « Il arracha au ciel sa foudre, aux tyrans leur sceptre. » Vers de Turgot pour le buste de Franklin, à l'origine également du paratonnerre.

autres). Saint-Pierre-et-Miquelon, Tobago, Sainte-Lucie restaient toujours des territoires français.

Jean-Jacques Aillagon rappelle qu'à la même époque, les Américains, médusés, assistent à la démonstration des frères Montgolfier au-dessus du jardin du château !

Attention, un traité peut en cacher deux autres !

Liste des injures, insultes et autres noms d'oiseaux à la cour

La langue française est toujours très riche pour insulter autrui. À la cour de Versailles, les noms d'oiseaux aussi fleuris qu'imagés étaient légion, sous couvert d'un lustre et de bonnes manières. En voici quelques-uns utilisés ici ou là, à Versailles et ailleurs. De quoi retrouver l'esprit du XVIIe et du XVIIIe siècle !

Charogne échappée de la boucherie à Giroux
Chier dans la malle jusqu'au cadenas
Cogne fétu
Confrère de la Lune
Cul crotté
Cul pourri
Matelas d'invalides
Encens de vidangeur
Foutinette
Gibier à bistouris
Mille zyeux de carpe frite
Mirmidon
Mon gros pâté
Niquedouille
Oiseau de saint Luc
Orfèvre en vieux cuir
Plaisant célestin
Triple sacré mille millions d'escarboucles
Vieux parchemin ridé

Meuble de ménagerie
Cœur de citrouille fricassé dans la neige
Mine de pelure d'oignon
Cul de jument
Morceau de viande mal accroché
Gueuse à crapaud
Coffre à graillon
Dépendeuse d'andouilles
Mangeuse de tuyaux de pipes
Voirie ambulante
Donneuse de nouvelles à la main
Chiffon ramassé dans les latrines
Échappé de Bicêtre
Morceau de viande mal accroché
Cadavre pestiféré
Bouquet sans queue
Visage sans viande
Restant de galère
Vieux manche à gigot
Visage de plâtre
Sac à vin
Vieux crocodile
Figure de mannequin
Vieux Ruffieu
Vilain moineau de carême

La grosse mignonne, le téton de Vénus et le précoce de bagnolet

Rien de vulgaire dans ces appellations ! Encore moins de grivois… Attention ! Tout cela est particulièrement sérieux et concerne de la botanique. Et plus précisément le travail maraîcher au temps de Louis XIV. La

Quintinie qui était « directeur des Jardins fruitiers et potagers du Roy », considérait le pêcher difficilement cultivable sur les terres du château de Versailles. Il cultivait donc en priorité les poires.

Mais, sous Girardot, la pêche fait son apparition. C'est grâce à cet homme, au parcours extraordinaire, qui fut l'un des mousquetaires de Louis XIV, mais qui surtout eut la bonne idée de prendre sa retraite de l'autre côté de Versailles et Paris, à Bagnolet.

À l'est de Paris, il érigea de part et d'autre, distants de huit mètres, des murs (un peu comme à Versailles dans le jardin potager) hauts d'environ trois mètres, en plâtre (très présent dans cette région parisienne) et sur lesquels les branches étaient accrochées avec des morceaux de tissu. Ses arbres dirigés en priorité vers le sud ou l'est, Girardot parvint vite à obtenir des pêches de qualité. Son jardin devint un lieu de villégiature, où l'on se promenait en famille le dimanche pour voir les pêches. Car, à défaut de le manger, on venait l'admirer, ce beau fruit. Il coûtait la bagatelle d'environ 60 euros !

Si Girardot s'amusait à en proposer au roi chaque année, il fallut attendre que le roi vînt dans les environs du jardin, ce 25 juillet 1675, pour qu'il goûte le fruit. Grâce à un subterfuge, le roi vint cueillir lui-même sur l'arbre. Il fut subjugué !

À partir de cette date, il exigea d'avoir une pleine corbeille de pêches sur sa table à Versailles. Les murs à pêches du jardin de Girardot firent des émules et se multiplièrent tout autour. Bagnolet et Montreuil produisirent à tout bout de champ ce joli fruit duveteux. On développa de multiples variétés dont voici quelques noms très poétiques : la Grosse Mignonne (nom aujourd'hui d'un bistrot à Montreuil !), la Pourprée hâtive et tardive (tout un programme !), la Pêche de Malte, le Téton de Vénus (tout aussi suggestive), la Chevreuse tardive, Précoce de Bagnolet, ou encore la Grosse Mignonne frisée.

Un guide peu ordinaire

Effectivement, Louis XIV s'est amusé à organiser la visite de son domaine à travers un texte intitulé *Manière de montrer les jardins de Versailles.* L'ancêtre des guides de voyages en quelque sorte… L'occasion, en vieux français dans le texte, de suivre la visite avec son royal locataire. À vous la visite guidée par le roi lui-même !

1. En sortant du chasteau par le vestibule de la Cour de marbre, on ira sur la terrasse ; il faut s'arrester sur le haut des degrez pour considérer la situation des parterres des pièces d'eau et les fontaines des Cabinets.

2. Il faut ensuite aller droit sur le haut de Latonne et faire une pause pour considérer Latonne, les Lésars, les rampes, les statues, l'allée royalle, l'Apollon, le canal, et puis se tourner pour voir le parterre et le chasteau.
3. Il faut après tourner à gauche pour aller passer entre les Sfinx ; en marchant il faut faire une pause devant le cabinet pour considérer la gerbe et la nappe ; en arrivant aux Sfinx on fera une pause pour voir le parterre du midy, et après on ira droit sur le haut de l'Orangerie d'où l'on verra le parterre des orangers et le lac des Suisses.
4. On tournera à droit, on montera entre l'Apollon de bronze et le Lantin et l'on fera une pause au corps advancé d'où l'on voit Bacchus et Saturne.
5. On descendra par la rampe droite de l'Orangerie et l'on passera dans le jardin des orangers, on ira droit à la fontaine d'où l'on considérera l'Orangerie, on passera dans les allées des grands orangers, puis dans l'Orangerie couverte, et l'on sortira par le vestibule du costé du Labirinte.
6. On entrera dans le Labirinte, et après avoir descendu jusques aux canes et au chien, on remontera pour en sortir du costé de Bachus.
7. On ira voir la salle du bal, on en fera le tour, on ira dans le centre et l'on sortira par le bas de la rampe de Latonne.
8. On ira droit au point de vue du bas de Latonne, et en passant on regardera la petite fontaine du satire qui est dans un des bosquets ; quand on sera au point de veüe, on y fera une pause pour considérer les rampes, les vases, les statues, les Lésars, Latonne et le chasteau ; de l'autre costé, l'allée royalle, l'Apollon, le canal, les gerbes des bosquets, Flore, Saturne, à droit Cérès, à gauche Bachus.
9. On descendra par la girandolle qu'on verra en passant pour aller à Saturne, on en fera le demy tour et l'on ira à l'isle royalle.
10. On passera sur la chaussée où il y a des jets aux deux costes, et l'on fera le tour de la grande pièce ; quand on sera au bas, on fera une pause pour considérer les

gerbes, les coquilles, les bassins, les statues et les portiques.

11. Après on ira jusques à la petite allée qui va à l'Apollon, et l'on entrera à la gallerie par en bas ; on en fera le tour, et l'on sortira par l'allée qui va à la Colonade.
12. On entrera dans la Colonade, on ira dans le milieu, où l'on fera le tour pour considérer les colonnes, les ceintres, les bas-reliefs et les bassins. En sortant on s'arrestera pour voir le groupe de Guidy et l'on ira du costé de l'allée royalle.
13. On descendra à l'Apollon, où l'on fera une pause pour considérer les figures, les vases de l'allée royalle, Latonne et le chasteau ; on verra aussi le canal. Si on veut voir le mesure jour la Mesnagerie et Trianon, on ira devant que de voir le reste des fontaines.
14. On entrera dans la petite allée qui va à Flore, on ira aux bains d'Apollon et l'on en fera le tour pour considérer les statues, cabinets et bas-reliefs.
15. On passera par Lancellade, où l'on ne fera qu'un demy-tour, et après l'avoir considéré, on en sortira par en bas.
16. On entrera à la salle du Conseil, on remontera jusqu'à Flore, on en fera le demy tour.
17. On ira à la montagne, on fera un demy tour dans la petite allée qui tourne devant que d'entrer dans le centre de l'Étoille, et quand on y sera, on fera un tour de la montagne.
18. On ira après à Cérès pour aller au théâtre, on verra les changements, et l'on considérera les jets des arcades.
19. On sortira par le bas de la rampe au Nort, et l'on entrera au Marais, on en fera le tour.
20. On entrera aux trois fontaines par en haut, on descendra, et après avoir considéré les fontaines des trois étages, l'on sortira par l'allée qui va au Dragon.
21. On tournera autour du Dragon, et l'on fera considérer les jets et la pièce de Neptune.

22. On ira à l'arc de Triomphe, l'on remarquera la diversité des fontaines, des jets, des nappes et des cuves des figures et les différents effets d'eau.

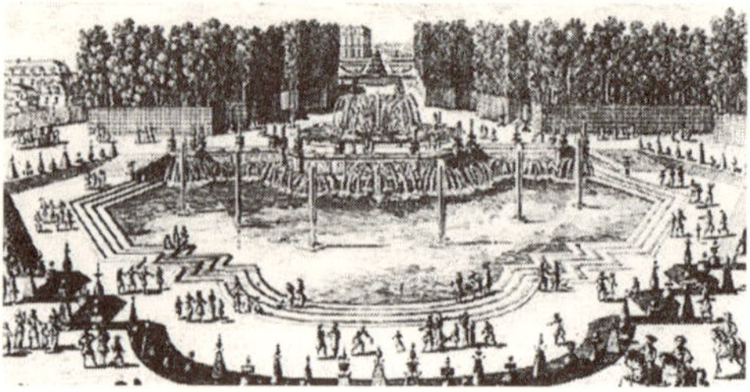

23. On resortira par le Dragon, on passera par l'allée des Enfans, et quand on sera sur la pierre qui est entre les deux bassins d'en bas, on se tournera pour voir d'un coup d'œil tous les jets de Neptune et du Dragon ; on continuera en suite de monter par ladite allée.
24. On s'arrestera au bas de la nape, et l'on fera voir les bas-reliefs et le reste de cette fontaine.
25. On passera après la Piramide, où l'on s'arrestera un moment, et après on remontera au chanteau par le degré de marbre qui est entre l'Esguiseur et la Vénus honteuse, on se tournera sur le haut du degré pour voir le parterre du Nort, les statues, les vases, les couronnes, la Piramide et ce qu'on peut voir de Neptune, et après on sortira du jardin par la mesme porte par où l'on est entré. Quand on voudra voir le mesme jour la Ménagerie et Trianon, après avoir fait la pause auprès d'Apollon, on ira s'embarquer pour aller à la Ménagerie. En montant sur l'amphithéatre, on fera une pause pour considérer le canal et ce qui le termine du costé de Trianon. On ira dans le salon du milieu. On entrera dans toutes les cours, où sont les animaux. Après on se rembarquera pour aller à Trianon. En arrivant, on montera par les rampes, on fera une pause en haut, et l'on fera remarquer les trois jets, le canal et le bout du

costé de la Ménagerie. On ira droit à la fontaine du milieu du parterre bas, d'où l'on montrera la maison. Après l'on ira la voir par dedans, on entrera dans le peristile, on y remarquera la veüe de l'advenue, et du jardin l'on verra la Cour ; après on ira dans le reste de la maison jusques au salon du haut de la gallerie. On montrera le jardin du Roy. On reviendra par le mesme salon du bout de la gallerie pour entrer dans les Sources. Et après on passera dans la gallerie pour aller à Trianon sous bois. On ira jusques sur la terrasse du haut de la cascade, et puis on viendra sortir par le salon du bout de la gallerie du costé du bois. On ira le long de la terrasse jusques à l'angle, d'où l'on voit le canal, on tournera après au cabinet du bout de l'aisle d'où l'on verra le chanteau, les bois et le canal. On en sortira et l'on passera le long du corps du logis du côté des offices et l'on ira jusques à l'allée du milieu. Quand on sera dans le centre de la maison, on fera voir l'obscurité du bois, le grand jet et la Nape au travers de l'ombre. On descendra droit au parterre de gazon, on s'arrestera au bas de l'allée obscure pour considérer les jets qui l'environnent. On ira passer à la fontaine qui est dans le petit bosquet pour aller à la cascade basse. On remontera le long de l'allée jusques à la haute. Et après on ira traverser le parterre bas par l'allée qui va au fer à cheval. On en descendra pour entrer dans les batteaux pour aller à l'Apollon. Et après on reprendra l'allée qui va à Flore, on ira aux bains d'Apollon et l'on verra le reste ainsy qu'il est marqué cy dessus.

Effet pots d'oranges

Si vous vous promenez encore aujourd'hui dans le jardin de Versailles, vous serez sans doute charmés par ces pots si particuliers dans lesquels sont plantés les orangers et autres arbres exotiques. Sachez que ces pots (ou caisses) ont été dessinés sur le modèle des mêmes pots inventés à l'époque par Le Nôtre, en fonte inaltérable et panneaux de bois en chêne massif. Le tout 100 % « made in France », comme autrefois. On doit cette renaissance des caisses à orangers à Jean-François Jiquel, qui, en 1975, eut l'idée de reprendre et de redessiner le modèle de Le Nôtre à partir de caisses datées de 1820.

Le processus de fabrication est fait manuellement, notamment la structure en fonte, mais aussi la découpe du bois, qui provient d'une forêt d'Auvergne. Les particularités de ces caisses sont l'ouverture des quatre panneaux de bois, permettant d'atteindre directement les racines des arbres plantés, d'autant qu'il n'y a pas de bac intermédiaire. Tout est naturel et à l'air (presque) libre ! Ces beaux objets du jardin sont développés en accord avec le château de Versailles, par la société Jardins du Roi-Soleil. Enfin, le détail ultime reste le numéro de la caisse, et le millésime de sa fabrication. So chic ! Vous pouvez également faire ajouter vos armoiries. Depuis la création de l'entreprise, 7 000 caisses à oranger ont été conçues. Pour toute commande : www.jardinsduroisoleil.com.

Bac à glaçons géants

On pensait tous que le principe de réfrigération avait été inventé par Edmond Carré en 1850, permettant enfin l'usage du froid au quotidien, notamment avec les réfrigérateurs. Que nenni ! En vous baladant dans les jardins de Versailles, plus précisément vers le Petit Trianon, vous découvrirez les fameuses « glacières », qui sont des fosses de pierre, dans la terre, recouvertes d'un toit de chaume.

Louis XIV en commanda la construction à partir de 1686, et on les utilisa jusqu'au début du XXe siècle. Comment cela fonctionnait-il ? En hiver, on découpait

la glace au-dessus des lacs, puits et autres étangs, qu'on empilait en alternant une couche de paille, une couche de glace, une couche de paille, etc. Cette pratique n'était pas propre à Versailles : on trouve encore pas mal de traces de glacières à travers la France. Ce n'était qu'un moyen de conserver les aliments au frais et de créer des rafraîchissements bienvenus en été par grosse chaleur.

Talons rouges

Le frère du roi Louis XIV, Philippe d'Orléans, aimait à s'habiller correctement et de façon élégante. Bon nombre de modes vestimentaires à la cour de Versailles furent lancées par lui. Il aimait beaucoup se déguiser aussi. Avec ses amis, et notamment le chevalier de Lorraine, il décide de partir pour Paris afin de célébrer tous ensemble le carnaval. Une occasion rêvée pour qui aime à se grimer ! Les costumes sont signés d'un grand maître italien. Les amis royaux s'encanaillent dans les bals populaires de la ville avec plaisir. Tous vêtus de clair, ils étaient parfois reconnus dans la foule populaire. C'était alors l'occasion de partir pour visiter d'autres lieux. Le frère du roi disposait en outre de petits talons qui lui permettaient d'être au-dessus du groupe, comme son statut l'y invitait.

Ce « carnaval royal » s'acheva vers le marché des Innocents, à côté duquel se trouvaient également les abattoirs. La fête battait son plein, Philippe d'Orléans s'amusait grandement avec ses amis. Ses talons s'enfonçaient dans le sol encore tout imprégné du sang des bêtes. De retour à Versailles, le roi fit appeler son frère, qui eut à peine le temps de se changer. Il n'ôta pas ses chaussures aux talons rougis par le sang, qu'il garda le jour durant. Le soir, en se promenant à Versailles, il vit bon nombre de gentilshommes aux chaussures à talons rouges. Philippe d'Orléans s'en étonna auprès de son entourage. Pourquoi diable soudainement tous ces souliers aux talons rouges ? À cause d'une simple soirée de carnaval au marché des Innocents ! Cette histoire amusante souligne une fois de plus à quel point les modes sont rapides à être lancées.

Avec les doigts

On raconte que Louis XIV aimait manger avec les doigts. Pourquoi donc ? On mangeait déjà avec une fourchette depuis le Moyen Âge, même s'il s'agissait d'un objet précieux. Cette petite fourche sera progressivement popularisée, notamment avec Henri III (1551-1589) et ses mignons. Pourtant, malgré l'usage, Louis XIV fait de la résistance. Et malgré son goûteur personnel, on ne saurait être trop prudent : ces beaux couverts auraient pu être empoisonnés. Au moins, en mangeant avec ses doigts, pas de danger !

Un mouton, un canard et un coq s'envoient en l'air

Les frères Montgolfier sont nés en Ardèche à Vidalon-lès-Annonay, Joseph en 1740 et Étienne en 1745, et issus d'une famille de papetiers. L'un et l'autre, venus d'une fratrie nombreuse (16 frères et sœurs !) travaillent à l'innovation constante des outils développés dans l'usine de papier. Ils sont d'ailleurs à l'origine du papier vélin. Ils deviennent même « Manufacture royale ».

Joseph, un jour, jette un papier dans le feu et s'aperçoit qu'il est aspiré. Est-ce dû à la fumée ? Il observe et remarque qu'il s'agit en fait d'une dilatation de l'air ambiant sous l'effet de la chaleur qui entraîne son aspiration. D'expérience en expérience, il détecte la force de cette dilatation aérienne. Avec Étienne, il tente une opération, plus spectaculaire encore, avec un ballon de trois mètres cubes.

Les deux frères sont lancés, et l'on réclame rapidement de voir une telle expérience révolutionnaire à une plus grande échelle. Rendez-vous est pris à Annonay, le 5 juin 1783. Les frères se présentent avec un ballon de 11,70 mètres de diamètre, pesant pas moins de 245 kilos de papier et de tissus. L'ensemble parvient à décoller sous l'action d'un feu de paille et de laine, à plus de deux kilomètres de haut. Une nouvelle fois, l'expérience fait grand bruit.

L'Académie des sciences de Paris repère vite les frères, appelés à réitérer l'expérience sous les yeux du roi cette fois. À nouveau, rendez-vous est donné pour renouveler l'expérience. Cette fois, le roi Louis XVI est accompagné des représentants américains responsables de négocier l'indépendance américaine. Dans la cour des Ministres, Étienne de Montgolfier décide de placer des passagers, les premiers d'un vol d'aérostat propulsé grâce à l'air chaud : un canard, un mouton et un coq !

Ils sont donc placés dans la nacelle en osier et, à 12 h 56, ce 19 septembre 1783, un ballon bleu et or, avec les chiffres du roi estampillés, s'envole. Drôle de forme que ce ballon ! Mais il vole ! Magique ! Vol de plus de huit minutes, qui termine sa trajectoire dans la forêt de Vaucresson, soit à environ trois kilomètres.

Le roi est ravi, il offre le cordon de l'Ordre de Saint-Michel, titre honorifique. Il fait également verser une rente à Joseph et avance l'investissement d'autres recherches en la matière, qui ne tarderont pas à porter leurs fruits. Les trois bêtes ne furent pas en reste : Louis XVI les fit admettre dans la Ménagerie ! Le canard, le mouton et le coq furent donc les premiers êtres vivants à voler dans une invention humaine !

La galerie des Glaces peut nuire à la santé

Attention, cher lecteur, si vous vous mirez trop longtemps dans la galerie des Glaces, c'est à vos risques et périls (ou presque). En effet, la construction de cette fameuse galerie aux 357 miroirs fut l'occasion d'appliquer l'une des techniques de l'époque, l'étamage, mélange composé à partir du mortel mercure… Voici pourquoi la plupart des miroitiers de l'époque gagnaient très bien leur vie, puisqu'elle allait nécessairement être très courte !

La construction de la galerie des Glaces, qui était un lieu de passage de 73 mètres, où l'on patientait, se retrouvait, discutait entre courtisans, était tout entière une célébration du règne de Louis XIV, avec ses plafonds peints par Le Brun, rappelant les différentes étapes du bon roi. Les miroirs, au-dessus des 17 arcades, rappelaient la magnificence de la miroiterie, dont le secret et l'hégémonie étaient jusqu'alors détenus par Venise.

Il fallut tout le talent et les manigances de Jean-Baptiste Colbert pour persuader les miroitiers de l'île de Murano de venir travailler sur le chantier de Versailles. Bien payés, ils étaient en outre exonérés d'impôts, et l'attrait des jolies femmes françaises terminait de séduire les plus réticents.

En 1684, pour l'inauguration, la plupart des miroitiers vénitiens recrutés sont soit morts sous le coup des tueurs à gages vénitiens, chargés de garder le secret des miroirs pour la Sérénissime (Venise exportait du verre et des miroirs dans toute l'Europe), soit morts intoxiqués au mercure. La création de la Galerie donne aussi l'occasion de voir s'établir en France la Manufacture royale de glaces de miroirs, qui s'installa d'abord dans les faubourgs de Cherbourg, à la Glacerie, puis à Saint-Gobain, dans l'Aisne, un nom encore célèbre aujourd'hui !

Si Versailles m'était conté

Voici le titre d'une pièce et d'un film de Sacha Guitry, sorti en 1954. L'occasion d'entendre d'ailleurs une réplique truculente, alors que Louis XIV, joué par Guitry lui-même, est poussé dans son fauteuil roulant par madame de

Maintenon (interprétée par Mary Marquet) dans la galerie des Glaces : « Sire, vous priez ? — Non, Madame, j'admire les plafonds… » Versailles a été le théâtre de nombreuses manifestations cinématographiques et télévisées. Voici quelques titres de films à voir et à revoir, avec Versailles comme cadre :

Lady Oscar, Jacques Demy, 1978.
Danton, Andreï Wajda, 1982.
La Palatine, M. Porte, 1984.
Camille Claudel, Bruno Nuytten, 1987.
Valmont, Milos Forman, 1988.
Les Liaisons dangereuses, Stephen Frears, 1988.
Marie-Antoinette, Catherine Huppert, 1988.
Les Chouans, Philippe de Broca, 1988.
La Révolution française . Les années lumière, Robert Enrico, 1989.
Le Radeau de la méduse, Azimi, 1989.
L'Autrichienne, Pierre Granier-Deferre, 1989.
Jefferson à Paris, James Ivory, 1994.
Ridicule, Patrice Leconte, 1995.
Beaumarchais, Édouard Molinaro, 1995.
L'Allée du roi, Nina Companez, 1995.
Le roi danse, Gérard Corbiau, 2000.
Marie-Antoinette, Sofia Coppola, 2006.
Ce jour-là, tout a changé, 2009.
Les Adieux à la reine, Benoît Jacquot, 2012.

Avoir le tabouret

Les *Mémoires* de Saint-Simon sont une mine d'or pour découvrir les us et coutumes de la cour à Versailles. Ainsi peut-on y découvrir par exemple la cérémonie des tabourets. Eh oui ! Pouvoir s'asseoir au plus près de la reine ou du roi représentait un privilège hors norme. Plus on pouvait s'asseoir proche du pouvoir royal, plus on était rassuré de sa position à la cour. Saint-Simon évoque même une « guerre des tabourets » pour le moins originale, auprès d'Anne d'Autriche notamment, lorsqu'elle se trouvait au Val-de-Grâce ou au Palais-Royal, assise auprès de quelques duchesses, plus particulièrement madame de Chevreuse, qui défendit le « tabouret » de sa belle-sœur, la princesse de Guéméné, dans les deux endroits, non sans difficulté. « Assise devant toute la cour de la reine en un lieu, elle serait debout en un autre ; et moitié figue, moitié raisin, avec la fraude en croupe, elle arracha le tabouret en plein partout, pour la princesse de Guéméné. Ce tabouret ne passa pas plus avant pour lors dans la maison de Rohan, et n'y produisit point d'autres distinctions », précise Saint-Simon. Ces privilèges se poursuivront avec son fils Louis XIV à Versailles. Certains commentateurs s'amusent à voir dans les sièges appelés « duchesses » les traces de cette époque, avec ces tabourets à dossier.

Quoi qu'il en soit, outre Saint-Simon, on moqua plus gravement ce cérémonial dans un pamphlet joliment intitulé *La Jalousie des culs de la cour.*

	Roi Reine	Dauphin de France Dauphine de France Fils de France Filles de France	Petits-fils de France Petites-filles de France	Princes et Princesses du sang
Dauphin de France Dauphine de France Fils de France Filles de France	tabouret	fauteuil		
Petits-fils de France Petites-filles de France	tabouret	tabouret	fauteuil	
Princesses du sang	tabouret	tabouret	siège à dos	fauteuil
Princes du sang	debout	debout puis tabouret	siège à dos	fauteuil
Cardinaux	debout devant le roi debout devant la reine	tabouret	siège à dos	fauteuil
Duchesses Princesses étrangères Grandes d'Espagne	tabouret	tabouret	siège à dos	fauteuil
Ducs Princes étrangers Grands d'Espagne	debout	debout		fauteuil

Femmes de qualité	debout	debout	tabouret	assises
Hommes de qualité	debout	debout	debout	assis

Source : http ://cour-versailles.fr/

Le bon appétit de Louis XIV

« J'ai vu le Roi manger, et cela très souvent, écrit Elisabeth Charlotte de Bavière (1652-1722), la deuxième épouse du frère de Louis XIV, dite La Palatine, quatre assiettes de différentes soupes, un faisan tout entier, une perdrix, une grande assiette pleine de salade, du mouton coupé dans son jus avec l'ail, deux bons morceaux de jambon, une assiette pleine de pâtisseries et de fruits et des confitures. »

En effet, le roi a un bon coup de fourchette ! Il y va aussi de la légende pour asseoir un homme. Le voir bien manger rassure aussi. Mais il est vrai que Louis XIV, au-delà de la légende, aimait la bonne chère. Les hommes au service du roi sont nombreux, du panetier à l'écuyer qui tranche (entre autres). D'ailleurs, le pain est servi de manière très originale. On trouve au moins 25 formes de pliages différentes pour sa présentation au roi, toutes ou presque tirées des exemples animaliers.

Les procédures de service font intervenir divers personnages, de l'essai de la nourriture au service à proprement parler. Vient ensuite la dégustation. Le roi aime beaucoup les volailles. Ce sont des poulets élevés en hauteur, dans des suspensions, dans le noir, et gavés de céréales variées, et même de dragées à l'anis.

L'huissier avec sa canne d'argent doré était chargé de frapper le sol et d'annoncer le service du roi. « Place à la viande du roi ! » hurlait-il alors de sa voix de stentor. Il fallait distinguer le petit couvert (dans la chambre), sur sa petite table carrée, et le grand couvert, où le roi était assis face à ses courtisans, qui se tenaient debout. Pour le petit couvert, derrière l'huissier, venaient ensuite le maître d'hôtel, puis 36 servants, et 12 maîtres. Les valets portaient la viande qu'il fallait alors poser sur des réchauds, car, effectivement, les sauces avaient eu le temps de figer entre la cuisine et les méandres labyrinthiques du château. La viande était servie dans des plats sous cloches d'argent ou de vermeil. Après le souper du soir, Louis XIV se retirait pour jouer au billard ou encore dire ses prières.

Et même pour aller sur sa chaise percée couverte de velours rouge. Un dernier privilège auquel les courtisans étaient bien évidemment conviés ! Quelle chance d'apercevoir ce royal fessier…

Le mariage secret du roi

Il est un homme dont on aurait aimé qu'il laisse davantage d'informations concernant son service et ses actions auprès de Louis XIV, il s'agit d'Alexandre Bontemps (1626-1701). D'excellents ouvrages de Mathieu da Vinha sur le personnage nous permettent de retracer la trajectoire de ce premier des quatre valets de chambre du roi Louis XIV, « homme rare de son espèce, homme du secret domestique, qui sait tout du roi, de ses habitudes, de sa vie privée, et fait rarissime, ne médit ni ne colporte aucun ragot », selon Saint-Simon. Son père était originaire d'Aix-en-Provence, devenu, grâce à son talent, premier chirurgien de Louis XIII. Confident, secret secrétaire (la véritable étymologie du mot), homme de main de Louis XIV, il cumulait les fonctions de premier valet de chambre du roi, Conseiller du roi, gouverneur de Rennes, intendant des terres, parcs et château de Versailles, intendant des terres, parcs et château de Marly et surintendant de la maison de la Dauphine. Un homme bien occupé ! Et très apprécié du roi, ne serait-ce que pour sa discrétion et son complet dévouement.

L'anecdote rapportée par Mathieu da Vinha est significative à ce sujet : alors qu'on lui demandait des nouvelles de son épouse, Bontemps répondit spontanément « J'en

parlerai au roi », ce qui fit beaucoup rire le roi lui-même. L'épisode le plus marquant de cette relation entre le roi et son valet demeure le mariage secret avec « madame de Maintenant », comme on aimait à surnommer la maîtresse royale, madame de Maintenon, dans la nuit du 9 octobre 1683. Après le décès de son épouse, qui ne l'affecte que peu (« Voilà le premier chagrin qu'elle m'ait donné », aurait dit Louis XIV au chevet de la défunte), le roi choisit de s'unir à Françoise d'Aubigné… en pleine nuit.

La veuve de Scarron est devenue sa préférée après le règne de Mme de Montespan, comme ces lignes de Saint-Simon en témoignent :

« Mme de Montespan fut celle dont la rare beauté le toucha ensuite, même pendant le règne de Mme de La Vallière. Elle s'en aperçut bientôt, elle pressa vainement son mari de l'emmener en Guyenne ; une folle confiance ne voulut pas l'écouter. Elle lui parlait alors de bonne foi. À la fin le roi en fut écouté, et l'enleva à son mari, avec cet épouvantable fracas qui retentit avec horreur chez toutes les nations, et qui donna au monde le spectacle nouveau de deux maîtresses à la fois. Il les promena aux frontières, aux camps, des moments aux armées, toutes deux dans le carrosse de la reine. Les peuples accourant de toutes parts se montraient les trois reines, et se demandaient avec simplicité les uns aux autres s'ils les avaient vues.

« À la fin Mme de Montespan triompha, et disposa seule du maître et de sa cour, avec un éclat qui n'eut plus de voile ; et pour qu'il ne manquât rien à la licence publique de cette vie, M. de Montespan, pour en avoir voulu prendre, fut mis à la Bastille, puis relégué en Guyenne, et sa femme eut de la comtesse de Soissons, forcée par sa disgrâce, la démission de la charge créée pour elle de surintendante de la maison de la reine, à laquelle on supposa le tabouret attaché, parce qu'ayant un mari elle ne pouvait être faite duchesse. »

La voie était libre pour le mariage du Roi avec La Maintenon. Quelques personnes sont dans le secret, pas un seul courtisan, pas un seul dignitaire. Seul le père de la Chaise, confesseur du roi, avec ses somptueux ornements sacerdotaux, l'archevêque de Paris, se tiennent devant l'autel dressé dans le grand cabinet du roi. On trouve aussi Louvois, le marquis de Montchevreuil et deux femmes, madame de Maintenon et sa gouvernante, Nanon. Sans oublier bien sûr Bontemps. Plus qu'un comité restreint quand on connaît le faste qui entourait chaque geste royal ! Rien ne filtrera de cet épisode secret. À partir de cet instant, quand les secrétaires d'État devait transmettre des courriers et des dépêches au roi, ils devaient les envoyer chez Mme de Maintenon, toujours assise dans son grand fauteuil à oreilles. Bontemps reste toutefois le pivot de l'organisation royale, un secrétaire particulier extraordinaire, qu'on pourrait comparer à un directeur de cabinet d'aujourd'hui. « C'était par lui [Bontemps] que passaient tous les ordres et les messages secrets, les audiences ignorées, qu'il introduisait chez le roi, les lettres cachées au roi et du roi, et tout ce qui était mystère. » À tel point que son rôle si mystérieux restera dans la légende et passera même dans le langage commun : « Il fait mystère de tout, c'est un vrai Bontemps[1]. »

1. Abbé de Choisy.

Versailles : beurk !

Saint-Simon, le célèbre mémorialiste, n'aimait pas Versailles. Et il l'a fait savoir de la meilleure des façons lorsque le roi abandonna Saint-Germain.

« [...] Versailles, le plus triste et le plus ingrat de tous les lieux, sans vue, sans bois, sans eau, sans terre, parce que tout y est sable mouvant ou marécage, sans air par conséquent qui n'y peut être bon. Il se plut à tyranniser la nature, à la dompter à force d'art et de trésors. Il y bâtit tout l'un après l'autre, sans dessin général ; le beau et le vilain furent cousus ensemble, le vaste et l'étranglé. Son appartement et celui de la reine y ont les dernières incommodités, avec les vues de cabinets et de tout ce qui est derrière les plus obscures, les plus enfermées, les plus puantes. Les jardins dont la magnificence étonne ; mais dont le plus léger usage rebute, sont d'aussi mauvais goût. On n'y est conduit dans la fraîcheur de l'ombre que par une vaste zone torride, au bout de laquelle il n'y a plus, où que ce soit, qu'à monter et à descendre ; et avec la colline, qui est fort courte, se terminent les jardins. La recoupe y brûle les pieds, mais sans cette recoupe on y enfoncerait ici dans les sables, et là dans la plus noire fange. La violence qui y a été faite partout à la nature repousse et dégoûte, malgré soi. L'abondance des eaux forcées et ramassées de toutes parts les rend vertes, épaisses, bourbeuses ; elles répandent une humidité malsaine et sensible, une odeur qui l'est encore plus. Leurs effets, qu'il faut pourtant beaucoup ménager, sont incomparables ; mais de ce tout, il résulte qu'on admire et qu'on fuit. Du côté de la cour, l'étranglé suffoque, et ces vastes ailes s'enfuient sans tenir à rien. Du côté des jardins, on jouit de la beauté du tout ensemble, mais on croit voir un palais qui a été brûlé, où le dernier étage et les toits manquent encore. La chapelle qui l'écrase, parce que Mansart voulait engager le roi à élever le tout d'un étage, a de partout la triste représentation d'un immense catafalque. La main-d'œuvre y est exquise en tous genres, l'ordonnance nulle ; tout y a été fait pour la tribune, parce que le roi n'allait guère en bas, et celles des côtés sont inaccessibles, par l'unique défilé qui conduit à chacune. On ne finirait point sur les défauts monstrueux d'un palais si immense, et si immensément cher, avec ses accompagnements qui le sont encore davantage. »

Versailles en Chine

Même l'architecture de Versailles n'a pas échappé aux copies diverses et variées à travers le temps. Surtout chinoises ! Déjà au XVIIIe siècle, Versailles était le modèle de nombreuses constructions à travers l'Europe, non seulement d'un point de vue architectural, mais aussi en matière de jardins. En Russie, en Espagne, les élèves de Le Nôtre sont légion à développer force perspectives et autres bassins d'eau.

L'influence de Versailles rayonne encore aujourd'hui ! La plus récente et la plus stupéfiante inspiration est une reproduction chinoise de Versailles, située à Harbin, dans le nord du pays. Il s'agit en fait du siège d'une entreprise… pharmaceutique. Si l'aspect extérieur peut éventuellement donner à croire qu'il s'agit d'une copie du palais royal versaillais, l'intérieur, par contre, n'est qu'ors et dégoulinantes dorures où l'on peine à déceler le décor des intérieurs de Versailles. Le plus intéressant réside dans le fait que cette société a été accusée de ne pas verser les sommes nécessaires aux traitements des déchets. Elle est par ailleurs décriée pour le prix de ses médicaments.

La magnificence de leurs locaux expliquerait donc cela !

Le grand Mogol

Marie-Antoinette avait une modiste attitrée en la personne de Rose Bertin. Rose Bertin était une roturière, née à Abbeville en 1747, venue travailler à Paris comme modiste, avant d'ouvrir sa propre boutique rue du Faubourg-Saint-Honoré, *Le Grand Mogol*, en 1770. Tout le beau monde défile dans sa boutique, jusqu'à la reine.

Rose Bertin devint très rapidement une confidente et amie de la reine. Elle habillera très vite les autres élégantes du royaume. Et même celles des royaumes voisins, et certains hommes. Le titre de « ministre des Modes » lui sera même décerné officieusement dans les coulisses de Versailles. On l'accuse aussi de faire dépenser la reine plus que de raison.

Rose Bertin s'amuse avec les robes et autres coiffures qu'elle invente pour la reine et ses amies. Sur la tête de ces dames, on peut y admirer une coiffe « à la Belle Poule », comme souvent tirée d'un nom de navire, ou alors un « pouf aux sentiments », qui rehausse l'ensemble de la chevelure ou à la « Montgolfier », devenu célèbre depuis qu'il s'est élancé dans le parc du château.

La mère de Marie-Antoinette s'inquiète de toutes ces extravagances. Elle le lui écrit d'ailleurs :

« Je ne peux m'empêcher de vous toucher un point que bien des gazettes me répètent trop souvent : c'est la parure dont vous vous servez ; on la dit depuis la racine des cheveux de 36 pouces de haut [presque un mètre], et avec tant de plumes et rubans qui relèvent tout cela ! Vous savez que j'étais toujours d'opinion de suivre les modes modérément, mais de ne jamais les outrer. Une jeune et jolie reine, pleine d'agréments, n'a pas besoin de toutes ces folies ; au contraire, la simplicité de la parure fait mieux paraître. »

Même la mère reproche ses outrances à Marie-Antoinette, et par là même à sa modiste en chef… Avec la Révolution, les affaires cessent pour la ministre des Modes, qui doit même fuir vers l'Angleterre. À peine a-t-elle eu le temps de faire quelques cocardes et d'habiller la reine pour aller sur l'échafaud… Elle revient en France après Thermidor, en 1794, et s'installe à Épinay-sur-Seine, où elle mourra en 1814 dans une demeure

baptisée par ses soins « Beatus ». Tout un programme ! La maison se visite toujours, et un très beau roman lui a même été consacré.

Les petits-pois de Louis XIV

Louis XIV disposait d'un charmant potager grâce à Jean de La Quintinie. On connaît l'appétit plutôt développé du roi. Mais ce que l'on sait moins, c'est son goût immodéré pour… les petits-pois ! Si le pois mangetout a été introduit en France par l'ambassadeur de France en Hollande en 1600, Louis XIV raffole, lui, du petit-pois vert. Il a été rapporté d'Italie par Audiger en 1660.

« Il y a huit jours que j'y suis [à la cour] sans relâche : il y en a presque autant que je succombe à la tristesse de n'entendre rien dire de raisonnable : le chapitre des pois dure toujours ; l'impatience d'en manger, le plaisir d'en avoir mangé et la joie d'en manger encore sont les trois points que nos Princes traitent depuis quatre jours. Il y a des Dames qui, après avoir soupé avec le Roi et bien soupé, trouvent des pois chez elles pour manger avant de se coucher, au risque d'une indigestion : c'est une mode, une fureur, et l'une suit l'autre. »

Ainsi s'exprime madame de Sévigné dans l'une de ses lettres de mai 1669. Il est toutefois bon de remarquer que Guy-Crescent Fagon (1638-1718), le cinquième médecin du roi, notera dans ses carnets les effets néfastes sur l'organisme royal de cette abondance de pois ! Surtout quand on sait que Louis XIV souffrait d'hémorroïdes et de troubles gastriques sérieux dus à ses nombreuses et longues échappées équestres.

Dieu sauve le roi !

Parlons ici encore du royal « fondement » de Louis XIV. Le roi, à bien des égards, n'était guère différent de ses sujets et devait composer avec tous les maux. On sait qu'il aimait le soir venu recevoir dans ses toilettes aux rouges lunettes. Il advint en 1686 qu'une fistule anale le handicapa, allant jusqu'à mettre sa vie en péril. On consulta le barbier-chirurgien Félix Maréchal. Il fallait opérer, mais avec un bistouri spécial, sur mesure, qui put, introduit comme il faut, atteindre et trancher la fistule sans blesser les chairs.

Ce bistouri « à la royale » fut d'abord testé sur des cobayes, dont quelques-uns, dit-on, trépassèrent, mais très utilement puisque le roi fut opéré avec succès – notez qu'à compter de ce jour, le métier de chirurgien fut enfin reconnu pour lui-même et détaché de celui de barbier. Mais ce n'est pas tout (on garde le meilleur pour la fin). Pour fêter l'événement, madame de Maintenon, qui n'était pas la dernière pour festoyer, organisa une petite fête.

La musique, de circonstance et de Lully, plut : *Dieu sauve le roi !* en était le thème principal. Or, un Anglais de passage, invité à la fête, rapporta le morceau chez lui – et voici comment, d'une fistule anale, est né *God Save the King*, euh… *the Queen.*

Pas de quoi s'ennuyer

Qui a dit que la vie de roi était consacrée à la rêverie et aux simples jeux ? En lisant le journal du mémorialiste italien Jean-Baptiste Primi Visconti (1648-1713), qui demeura à la cour de France entre janvier 1673 et 1681, on découvre le rythme relativement soutenu d'une journée royale. Essentiel pour mieux saisir le déroulement des activités dudit roi, par un observateur très critique de la cour.

« Dans les actes de sa vie, le Roi est très réglé ; il se lève toujours à huit heures, reste au Conseil de dix heures jusqu'à midi et demi, moment où il va à la messe toujours en famille avec la Reine. Grâce à une volonté continuelle et intense de présider à toutes les affaires, il est devenu habile. Chaque question est pour ainsi dire digérée quand elle lui parvient, ayant été préparée d'avance par les intéressés, puis par les commis et en dernier lieu par les ministres qui en font le rapport ; mais il a un talent merveilleux et souvent arrive à éclaircir ce que ni les ministres ni les commis n'ont su débrouiller. À une heure de l'après-midi, après avoir entendu la messe, il visite les favorites jusqu'à deux heures, heure à laquelle il dîne toujours avec la Reine et en public. Dans la suite de la journée, il va à la chasse ou à la promenade ; le plus souvent, il tient encore un conseil. Depuis la tombée de la nuit jusqu'à dix heures, il converse avec les dames, ou joue, ou va à la comédie ou aux bals. À onze heures, après le souper, il descend de nouveau à l'appartement des favorites. Il couche toujours avec la Reine. Il a réparti les heures du jour et de la nuit entre ses affaires, ses plaisirs, ses dévotions et ses devoirs, de telle sorte que l'on sait par les courtisans à quoi il est occupé et où on peut lui faire sa cour. »

Madame Bécu a de la ressource !

VELOUTÉ DE CHOU-FLEUR *À LA DU BARRY*

LE POTAGE
350 g de chou-fleur, 1 oignon, 1 blanc de poireau, 20 g de beurre, 15 g de farine, 750 ml de lait, Sel, Poivre du moulin

LA GARNITURE
90 g de bouquets de chou-fleur, Croûtons tout prêts ou 4 tranches de pain coupées en croûtons à l'huile, Persil haché

PRÉPARATION DE CRÈME DE CHOU-FLEUR
À LA DU BARRY

Faites cuire le chou-fleur dans une casserole. Ajoutez 100 ml d'eau et 50 ml de lait. Portez à ébullition, puis baissez le feu et attendez, en plantant votre couteau, que le chou-fleur s'attendrisse (environ 20 minutes). Parallèlement, épluchez et hachez l'oignon. Émincez le blanc de poireau. Faites fondre dans une casserole, tartinez copieusement de beurre, puis salez légèrement et couvrez. Laissez cuire jusqu'à ce que les légumes soient bien tendres (environ 10 minutes), mais ne les laissez pas colorer.

Ajoutez la farine et remuez toujours sur le feu pendant une minute. Progressivement, incorporez le lait et mélangez bien pour que l'ensemble devienne velouté. Portez à ébullition sans cesser de remuer. Ajoutez le chou-fleur. Laissez cuire encore une dizaine de minutes à feu très doux. Mixez le potage dans un robot pour obtenir un velouté bien crémeux.

LA GARNITURE

Il suffit de mettre les bouquets de chou-fleur dans une casserole d'eau bouillante salée. Faites cuire pendant 10 minutes environ et ensuite égouttez. Les gourmands aiment faire dorer des croûtons de pain dans un peu d'huile. Mais on peut aussi en acheter de tout prêts dans le commerce.

LE VELOUTÉ EST PRÊT !

Il ne reste plus qu'à servir dans des bols réchauffés. Quelques brins de persil, les bouquets de chou-fleur sur le dessus et les croûtons. Bon appétit !

LA PETITE HISTOIRE DE CETTE RECETTE

Oui, facile d'avoir Versailles dans son assiette, avec ces menus directement issus de l'histoire de Versailles ! Les gourmands et fins connaisseurs de l'histoire auront tout de suite reconnu derrière cette « du Barry » l'une des maîtresses de Louis XV. La rencontre du roi avec cette jeune femme superbe (1743-1793), au teint laiteux, survient juste après les décès successifs de sa propre femme, Marie Leczinska, mais aussi de sa maîtresse, tout aussi populaire, la Pompadour.

Nous sommes en 1768. Le roi est seul à Versailles. Les repas n'ont plus la magnificence publique de son aïeul le Roi-Soleil. Et il tombe sous le charme de cette jeune femme, nommée à la ville Jeanne Bécu. Elle est vendeuse, dans une boutique de luxe, rue Saint-Honoré. Pas facile pourtant de rendre cette jeune fille maîtresse officielle, tant son pedigree ne la fait pas figurer sur les arbres généalogiques de la noblesse… La solution réside en Guillaume du Barry, un noble à la cour, qui épouse Jeanne Bécu et l'introduit par ce lignage, mais aussi en la personne de madame de Béarn, qui la guidera sur le chemin des bienséances.

Ainsi, en 1769, madame du Barry est officiellement installée à Versailles, auprès de son amant royal. Même si son arrivée dans le sérail versaillais fit beaucoup jaser, il est à noter qu'elle se fit remarquer pour la bonne cause et surtout sa tenue tant au niveau des artistes fréquentés et vantés, que de sa table, qu'elle mettait en scène avec l'aide du cuisinier Mauconseil.

Elle restera dans les annales pour sa préparation à base de choux-fleurs, donc, mais aussi pour ses plats aphrodisiaques qu'elle servait au roi Louis XV, que, dans l'intimité, elle nommait… « la France ». L'un de ses plats préférés pour s'attirer les grâces du roi et décupler toutes les vertus de son amour dans l'intimité était l'apprêt d'œufs de vanneau, un oiseau vert et blanc réputé pour son… sang chaud ! La jeune femme avait le talent de montrer tous ses atours et d'être particulièrement prisée ; à preuve, cette lettre de Voltaire :

Madame,
Monsieur de la Borde, qui est assez heureux pour avoir l'honneur et le bonheur de vous faire souvent sa cour, m'a, j'oserai vous l'assurer comblé de joie ! Car il m'a dit que vous lui aviez ordonné de m'embrasser de votre part, et des deux côtés.

Quoi ! deux baisers sur la fin de ma vie ;
Quel passeport vous daignez m'envoyer !
Deux ! c'en est trop, adorable Égérie
Je serais mort de plaisir au premier !

Il m'a montré votre portrait ; ne vous offensez pas, Madame la Comtesse ; car j'ai pris la liberté de lui rendre les deux baisers avec un transport de passion que mon profond respect avait grand-peine à tempérer.

Vous ne pouvez empêcher cet hommage,
Faible tribut de quiconque a des yeux.
C'est aux mortels d'adorer votre image ;
L'original était fait pour les Dieux…

M. de la Borde m'a fait entendre plusieurs morceaux de Pandore : ils m'ont paru dignes de la protection dont vous honorez le compositeur. La faveur accordée par vous, Madame, aux véritables talents est la seule chose qui puisse augmenter l'éclat dont vous brillez. Daignez, Madame, agréer l'hommage et le tribut d'admiration d'un vieux solitaire, dont le cour n'a presque plus d'autre sentiment que celui de la reconnaissance, etc.

Voltaire

Une vraie séductrice aux talents multiples ! Mais Jeanne Bécu, outre ses talents naturels, ses ressources gastronomiques, est aussi connue pour l'une de ses réparties fameuses : « La France, ton café fout le camp ! » En effet, comme on l'a dit plus haut, « la France » était aussi le surnom donné à Louis XV par sa maîtresse. Les commentateurs ne veulent pas croire que la maîtresse, certes officielle, du roi ait prononcé des mots aussi vulgaires. Certains ont même récusé ce surnom de la Du Barry pour désigner le roi, ayant vu derrière ce « France », non pas le roi mais un simple valet. Quoi qu'il en soit, cela rappelle que l'on buvait déjà du café. Et qu'un café bouilli n'a rien de ragoûtant !

La cuisine comme art de séduction massive

La marquise de Pompadour, de son vrai nom Jeanne Poisson, était très gourmande. Celle qui raffolait des truffes au chocolat, des asperges et pour qui fut inventé le filet de volaille en gelée dans du vin de Madère, dit « de Bellevue », en hommage à son château, a accolé son nom à plusieurs recettes. En voici quelques-unes, délicatement recensées sur l'excellent site consacré à la dame : http ://www.madamedepompadour.com[1].

PARFAIT POMPADOUR

Ingrédients pour 4 personnes : une base de glace vanille, 350 g de génoise, un verre de Cointreau (ou d'autres liqueurs douces au choix), 500 g de fraises des bois, vin blanc, sucre semoule, 1 l de crème à monter.

Préparez la glace vanille en suivant les instructions de la recette spécifique.

Pendant que la glace est dans le congélateur, prenez un moule rond de 22-24 centimètres de diamètre, recouvrez-le avec du papier alu et mettez-le à geler dans le congélateur. Entre-temps, coupez la génoise en tranches. Quand la glace aura atteint le juste point de fermeté, retirez-la du congélateur et, dans le même récipient de la sorbetière, ajoutez deux ou trois cuillers de liqueur, puis travaillez-la quelques instants avec une cuiller en bois. Avec la moitié de la glace à votre disposition, faites une couche dans le moule et nivelez la surface. Posez la moitié des tranches de génoise sur la glace et arrosez-les avec de la liqueur. Faites une seconde couche de glace et couvrez-la avec le reste de génoise tout en arrosant avec de la liqueur. Couvrez le tout avec du papier alu et mettez dans le congélateur pendant une heure. Entre-temps, lavez les fraises dans le vin, retirez les pédoncules, mettez-les dans une terrine et saupoudrez-les avec du sucre. Arrosez-les avec de la liqueur et laissez macérer

1. Source : Lorenzo Crivelli, site *Madame de Pompadour* du Cercle généalogique PTT.

pendant 16 minutes. Avec un fouet à main ou électrique, battez en neige la crème (qui doit être très froide) et ajoutez deux cuillères de sucre glace. Mettez ensuite la crème dans une poche à douille cannelée ou dans une seringue. Retirez le parfait du congélateur, renversez-le sur une assiette (refroidie au réfrigérateur) et enlevez le papier alu. Entourez les bords du parfait avec des boudoirs placés verticalement. Décorez autour avec de la crème montée tout en laissant au centre une place pour une petite pyramide de fraises. Servez.

Filets de sole à la Pompadour

Ingrédients principaux : soles, truffes, écrevisses.

Enlevez les filets aux soles : après les avoir recouverts d'un mélange de truffes et de champignons coupés en petits morceaux, enroulez-les et faites-les cuire avec du vin blanc de Capri en ajoutant un bouquet de fines herbes. Ajoutez du sel et faites réduire la sauce. Ajoutez du court-bouillon et liez avec deux jaunes d'œufs.

Disposez les filets sur un plateau autour d'un centre constitué de queues d'écrevisses épluchées : versez la sauce et servez très chaud.

Silence, ça pousse !

Le potager du roi était une des pépites de Versailles. Et le demeure ! Depuis 1926, le potager a été classé « monument historique ». On peut s'y rendre pour y faire ses emplettes et rapporter des fruits et des légumes aux royales saveurs. Il faut dire que ce potager faisait la joie et le bonheur de Louis XIV. Vexé de la beauté des jardins de son surintendant Fouquet, Louis XIV décide alors de prendre le taureau par les cornes et de faire resplendir à son tour ses propres jardins de Versailles. Fouquet arrêté, ses meilleurs employés peuvent dès lors se consacrer à la magnificence de Versailles. Le potager du roi en fera partie. Et c'est Jean-Baptiste de La Quintinie qui s'y colle. Si bien, visiblement, qu'il est nommé « Directeur des jardins fruitiers et potagers des maisons royales » en 1670.

Cet ancien avocat, anciennement au service de Fouquet à Vaux-le-Vicomte, fait des miracles pour que son royal employeur dispose chaque jour de fruits et légumes sur sa table. C'est en Italie qu'il découvre les vertus et la puissance des fruits et légumes. Il abandonne alors la robe d'avocat pour les outils de la terre. Il aura fort à faire à Versailles, tant le domaine qui lui est échu paraît peu propice à la culture maraîchère, près de l'étang des Suisses, autrement appelé « l'Étang puant »... Suffisamment clair ! L'ancien avocat s'arrache les cheveux pour trouver divers stratagèmes et parvient au bout de cinq années d'efforts à fournir les premiers fruits et légumes du potager du Roi en 1683. Le potager mesure quatre hectares, divisés en quatre carrés destinés à la culture des légumes et neuf pour les fruits. Voici la liste des productions royales. Un vrai inventaire à la Prévert[1] !

PÊCHES, PAVIES, BRUGNONS

- Petite avant-pêche blanche
- Pêche de Troyes
- Pêche alberge jaune et la petite pavie alberge jaune
- Madeleine blanche
- Madeleine rouge
- Mignonne
- Pêche d'Italie
- Pavie blanche
- Pêche alberge rouge
- Petite pavie alberge violette
- Bourdin
- Pêche-cerise à chair jaune
- Pêche-cerise à chair blanche
- Chevreuse
- Rossane
- Pavie rossane
- Persique
- Violette hâtive
- Bellegarde
- Brugnon violet
- Pêche pourprée
- L'Admirable
- Nivette
- Pêche de Pau
- Blanche d'Andilly
- Grosse jaune tardive ou Admirable jaune
- Pêche royale
- Violette tardive
- Grosse pavie rouge de Pomponne ou Monstrueux

1. http ://www.potager-du-roi.fr.

Azeroles

Prunes

- Prune de Perdrigon violet
- Prune de Sainte-Catherine
- Prune d'abricot
- La Roche-Courbon
- Prune de Mirabelle - L'Impératrice

Figues

- Grosse blanche, tant la longue que la ronde
- La noire
- La grosse jaune
- La grosse violette, tant longue que plate
- La verte
- La petite figue grise, ou Mellete
- Figue Medot
- Figue qui est assez noire
- Petite blanche ou précoce
- Petite Bourjassotte
- L'Angélique

Abricots

- Abricot hâtif
- Abricot ordinaire
- Petit abricot en Angoumois

Cerises

- Cerises précoces
- Guignes
- Cerises à confire de Montmorency ou cerise coularde
- Bigarreau
- Griotte

Pommes

- Reinette grise et blanche
- Calville d'été blanche et rouge
- Calville d'automne
- Fenouillet ou pomme d'Anis
- Cour-Pendu ou pomme de Bardin
- Api
- Pomme violette
- Rambour
- Cousinotte
- Orgeran
- Pomme d'étoile
- Jérusalem
- Drue-Permein d'Angleterre
- Pomme de glace
- Francatu
- Haute-Bonté ou Blandilalie
- Rouvezeau
- Chataîgnier ou Martrange
- Pomme Sans-Fleurir ou pomme-figue

- Petit-Bon
- Pomme-Rose

Raisins

- Raisin de Corinthe
- Chasselas
- Bourdelais
- Raisin précoce ou morillon noir
- Cioutat

Poires

- Bergamote
- Bon-Chrétien d'hiver
- Beurré
- Virgoulé
- Leschasserie
- Ambrette
- Épine
- Rousselet
- Robine
- Petit-Oin
- Crassane
- Saint-Germain ou l'Inconnue La Fare
- Colmar
- Louise-Bonne
- Verte-Longue
- Marquise
- Saint-Augustin
- Messire Jean
- Cuisse-Madame
- Gros Blanquet
- Muscat Robert ou poire à la Reine, poire d'Ambre, Grosse-Musquée de Coué, la Princesse, Pucelle de Flandres en Poitou, Pucelle de Saintonge
- Poire Sans-Peau
- Muscat-Fleuri
- Blanquet à longue queue
- Orange verte
- Besi de la Motte
- Martin-Sec
- Bourdon
- Sucré-vert
- Lansac
- Poire Madeleine
- Épargne
- Bugy
- Petit Blanquet
- Inconnue-Chéneau
- Petit-Muscat
- Portail
- Satin-Vert
- Amiré-Roux
- Poire de Vigne ou de Demoiselle
- Non-Commune des défunts
- Grosse-Musc
- Musquat-l'Allemand
- Amadote
- Saint-Lezin
- Fondante de Brest
- Rousseline
- Pendar
- Cassolette ou Friolet, Muscat-Vert, Échefrion

– Poire de Ronville ou Martin-Sire

Tout ce qui doit être dans un potager

– Absinthe pour les bordures
– Ache
– Ail
– Alléluia
– Alphange
– Anis
– Artichauts, tant verts, que violets ou rouges
– Asperges
– Basilic, tant le grand que le petit
– Baume
– Betteraves
– Blé de Turquie
– Bonne-Dame
– Bourdelais, autrement verjus, tant le rouge que le blanc
– Bourrache
– Buglosse
– Câpres ordinaires
– Câpres capucines, autrement nasturces
– Caprons
– Cardes d'artichauts
– Cardes de poirée
– Cardons d'Espagne
– Carottes
– Céleri
– Cerfeuil musqué
– Cerfeuil ordinaire
– Champignons
– Chasselas
– Chervis
– Chicons
– Chicorée blanche, qui est la domestique, tant la frisée que celle qui ne l'est pas
– Chicorée sauvage
– Choux de toutes sortes (choux pommés, choux-fleurs, choux pancaliers, choux de Milan, choux frisés, choux verts, choux blonds, choux violets, etc.)
– Ciboules
– Citrouilles
– Cives d'Angleterre
– Concombres, soit verts, soit blancs, et tant ceux qui sont bien faits, que ceux qui ne le sont pas, et que l'on appelle cornichons
– Côtons d'artichauts
– Corne de cerf
– Couches, tant pour les salades et les raves printanières, et pour les premières fraises, que pour les melons et concombres et champignons, et même pour élever pendant l'hiver quelques fleurs et autres plantes à

replanter en terre ;
et pour avancer de l'oseille, des laitues pommées, etc.

– Cresson alénois

– Échalotes
– Épinards
– Estragon, etc.

– Fenouil
– Fèves, tant celles de marais que haricots
– Fournitures de salades, qui sont le baume, l'estragon, la passe-pierre, la pimprenelle, les cives d'Angleterre, le fenouil, le cerfeuil, tant l'ordinaire que le musqué, le basilic, etc.
– Fraises, tant les rouges que les blanches
– Framboises, tant les rouges que les blanches

– Groseilles, tant les piquantes que les rouges et les perlées

– Herbes fines (thym, marjolaine, lavande, rue, absinthe, hysope, etc., et cela se met en bordures)

– Laitues de toutes sortes, suivant les saisons, tant pour semer par rayons afin de les couper petites, que pour pommer et pour lier : la Coquille, autrement laitue d'hiver, et la laitue de la Passion, la Crêpe blonde, la Crêpe verte, la petite laitue rouge, la Courte, la Royale, la Bellegarde, la Gênes, la Perpignane, la laitue d'Aubervilliers, la Capucine, qui est plus rougeâtre que l'Aubervilliers, l'Impériale, et la Romaine, qui comprend les chicons, tant les verts que les rouges, autrement nommés l'Alphange.
– Laurier commun
– Lavandes en bordures

– Mâches
– Marjolaine en bordure
– Mauves et guimauves
– Mélisse
– Melons
– Muscat, tant le blanc que le noir et le rouge
– Muscat long, autrement Passe-Musquée

- Nasturce
- Navets

- Oignons, tant les blancs que les rouges
- Oseille, tant la grande et la petite que la ronde

- Panais
- Passe-Musquée
- Patience
- Perce-pierre
- Persil, tant le commun que le frisé
- Persil de Macédoine
- Pimprenelle
- Poirée
- Poireaux
- Pois verts depuis le mois de mai, qui sont les hâtifs, jusqu'à la Toussaint.
- Potirons
- Pourpier, tant le vert que le doré

- Raiponces
- Raves pendant le printemps, l'été, et l'automne
- Rhubarbe
- Rocambole
- Romarin
- Roquette qui est une fourniture de salade
- Rue en bordures

- Salsifis commun
- Sarriette
- Scorsonère, autrement salsifis d'Espagne
- Sauge en bordure

- Thym pour les bordures
- Tripe-madame

- Vigne
- Violettes en bordure

On sait que Louis XIV aimait les figues, les pêches (de Montreuil…), mais aussi les melons, les fraises, etc. C'est un vrai laboratoire, où La Quintinie travaille la terre, les différentes variétés (une cinquantaine de variétés de poires !), les expositions au soleil, les fumiers, châssis de protection et autres. Un vrai talent ! Il transmit même ses *Instructions pour les jardins fruitiers et potagers,* dont voici quelques extraits nécessaires aux apprentis jardiniers. Il met surtout l'accent sur les joies du jardinage :

Petit traité de jardinage par La Quintinie, jardinier du roi

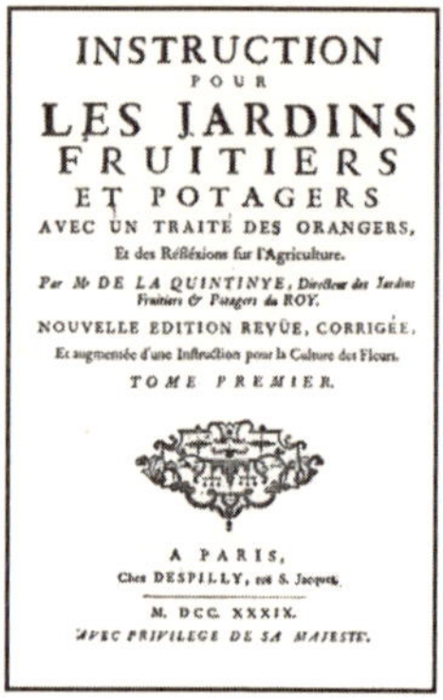

INSTRUCTION
POUR
LES JARDINS
FRUITIERS
ET POTAGERS
AVEC UN TRAITÉ DES ORANGERS,
Et des Réfléxions sur l'Agriculture.
Par Mr DE LA QUINTINYE, Directeur des Jardins Fruitiers & Potagers du ROY.
NOUVELLE EDITION REVÛE, CORRIGÉE,
Et augmentée d'une Instruction pour la Culture des Fleurs.
TOME PREMIER.
A PARIS,
Chez DESPILLY, rue S. Jacques.
M. DCC. XXXIX.
AVEC PRIVILEGE DE SA MAJESTÉ.

Le jardinage, duquel je commence ici à traiter, produit sûrement beaucoup de plaisir à l'honnête homme qui s'y entend et s'y applique, mais ce même jardin, s'il est entre les mains d'un jardinier qui soit peu habile ou peu laborieux, a de grands inconvénients à craindre et de grands chagrins à donner. Ce sont deux vérités que tout le monde connaît et que personne n'a jamais entrepris de contester, étant certain que rien au monde ne demande tant de prévoyance et tant d'habileté que ces sortes de jardins fruitiers et potagers. Ils sont, pour ainsi dire, dans un mouvement perpétuel qui les porte à agir toujours en bien ou en mal, selon la bonne ou la mauvaise conduite de leur maître, aussi récompensent-ils amplement les bons ouvriers et punissent-ils rigoureusement les misérables.

La preuve de la première des deux vérités que je viens de proposer consiste en ce que constamment il n'y a rien de plus réjouissant, premièrement, que d'avoir un jardin qui soit dans une bonne et belle situation, qui soit d'une raisonnable grandeur et d'une figure bien entendue et qu'on ait peut-être disposé soi-même comme il est. En second lieu, que ce jardin soit en tout temps, non seulement propre pour la promenade et l'agrément, mais aussi abondant en bonnes choses pour la délicatesse du goût et la conservation de la santé.

En troisième lieu, y voir tous les jours quelque petit ouvrage à faire, semer, planter, tailler, palisser, voir ses plantes croître, ses légumes embellir, ses arbres fleurir, les goûter, en régaler ses amis, entendre louer leur beauté, leur bonté, leur quantité, tout cela ensemble fait sans doute l'idée de beaucoup de choses agréables.

Pour preuve de la seconde vérité, il n'y aurait qu'à faire ici en peu de mots le dénombrement de tous les désordres dont notre jardinage est menacé, ou plutôt déshonoré, quand il manque de culture, mais ils ne sont que trop connus ; il n'y a presque rien de si ordinaire que d'entendre les plaintes sur cette matière.

Il est donc vrai que, dans le jardinage, il y a des plaisirs et des chagrins ; il n'est pas moins vrai que les plaisirs sont pour les jardiniers intelligents et actifs, et que les chagrins arrivent immanquablement à ceux qui sont paresseux et malhabiles.

Cela étant, il faut demeurer d'accord qu'on n'est ni à excuser ni à plaindre, si, au lieu de tirer de son jardin tout l'avantage qu'on s'en était promis, on est réduit à ce malheur de n'y avoir que de la dépense, de la perte, du dégoût, des sujets de colère, etc., pendant que d'autres, avec un peu de savoir-faire, en ont évité tous les désordres et en goûtent toutes les douceurs ; d'où il s'ensuit que, si l'honnête homme veut s'engager à avoir un jardin comme une chose qui lui convient si bien, il faut absolument qu'il se rende habile en jardinage, ou bien il n'y doit pas seulement penser. La grande question est de savoir si cette habileté, que je tiens nécessaire, est facile ou difficile à acquérir, pour prendre sur cela un parti raisonnable.

Au premier cas, c'est-à-dire s'il est facile de devenir habile, je suis persuadé que beaucoup d'honnêtes gens le devraient devenir, car naturellement, tout le monde en a envie ; je suis persuadé que déjà il y en aurait eu un assez grand nombre, si on avait eu de suffisantes instructions pour cela.

Au second cas, c'est-à-dire s'il est malaisé de parvenir à une habileté suffisante, il faut s'attendre qu'on trouvera peu de curieux qui veuillent bien l'entreprendre ; chacun sera dégoûté par l'incertitude de réussir après y avoir mis beaucoup de temps et y avoir pris beaucoup de peine.

L'honneur que j'ai, depuis tant d'années, d'avoir la direction des jardins fruitiers et potagers des Maisons Royales, me donne ce me semble quelque autorité pour répondre à cette grande question : si bien que, sans vouloir tromper personne et ayant un grand désir de contribuer à la satisfaction des honnêtes gens, j'assure qu'il est très aisé d'acquérir autant d'intelligence qu'il en faut raisonnablement à notre curieux, afin qu'il se mette à couvert de ce qui le peut fâcher et qu'en même temps il se mette en état de jouir de ce qu'il recherche.

[…]

Or s'il est vrai qu'il y ait assez de facilité à parvenir à tant de plaisirs, comme je vais le faire voir clairement, n'ai-je pas raison de conclure que, quand on entreprend des jardins sans se mettre en peine d'être auparavant suffisamment éclairé en jardinage, on en mérite tous les dégoûts qui sont en grande quantité, au lieu de mériter toutes les douceurs qu'il peut produire, dont le nombre est infini, et que par conséquent il faut s'étudier à acquérir les lumières qui sont ici nécessaires ?

Peut-être me dira-t-on d'abord que je propose par là un expédient infaillible pour introduire la chose du monde la plus pernicieuse en toutes sortes d'affaires, c'est-à-dire des demi-savants : l'objection paraît assez forte, mais les deux réponses que j'ai à y faire le sont, me semble-t-il, beaucoup davantage.

La première est que, quand l'honnête jardinier sera une fois parvenu à la connaissance certaine de quelques principes capables de lui donner une bonne teinture du jardinage, on doit être assuré qu'il ne voudra pas s'en tenir à cette simple connaissance des premiers éléments ; il lui prendra infailliblement une grande curiosité de savoir davantage une chose qui lui plaît. On le verra bientôt après pousser plus avant les lumières qu'il aura acquises et par conséquent il demeurera peu de temps dans cet état dangereux et redoutable qu'on appelle la demi-science.

Mais la seconde réponse, qui n'est pas moins importante, est que sûrement cette demi-science de l'honnête jardinier, s'il faut la nommer ainsi, vaut beaucoup mieux, fondée comme elle est sur de bons principes, que la fausse imagination de savoir des jardiniers ordinaires ; il n'est que trop vrai que rarement se trouve-t-il parmi eux autre chose qu'une ignorance présomptueuse et babillarde, si on peut aisément parvenir à voir clair là-dedans, et à se mettre au-dessus de tant de faux raisonnements qu'on serait obligé d'essayer, et par conséquent éviter beaucoup de chagrins et avoir beaucoup de plaisirs.

Selon les premiers éléments ce l'enquête

Régulièrement, les bassins et autres pièces d'eau du domaine de Versailles sont l'occasion de découvrir mille et une choses, dont on aurait pu s'éviter parfois la découverte ! Si la pièce d'eau des Suisses est un lieu idéal pour pique-niquer, c'est aussi parfois un lieu de découvertes macabres (nous ne nous étendrons pas sur le sujet, qui fait parfois la une des faits divers locaux). Lors du nettoyage des berges par les associations de pêche et avant le rempoissonnement, en 2008, un obus datant de la guerre de 1870 fut mis au jour au milieu de plusieurs détritus et autres bouteilles de verre vides. L'un des membres de l'association expliqua d'ailleurs avoir confondu l'objet au premier abord avec un simple thermos. Parmi les autres détritus trouvés lors de ce dragage, un objet un peu plus insolite : une paire de skis ! Pas très pratique dans les parages en tout cas !

Versailles ne s'est pas fait en un jour !

La construction de Versailles a été lente, progressive et surtout n'a jamais cessé de tendre à l'agrandissement et de l'ensemble, notamment pour recevoir le roi et sa suite. Les premiers bâtiments, dits « château vieux », datent de Louis XIII, avec l'aide de son architecte Philibert Le Roy. En briques et en pierre, ils sont aujourd'hui autour de la cour de Marbre de Versailles.

Puis, Louis XIV, sous le charme de l'endroit, entre 1661 et 1668, fait agrandir l'ensemble. C'est Le Vau qui est aux commandes. Vient ensuite le temps dit de « l'Enveloppe ». Des extensions sont poursuivies, certaines dans le style du château primitif, puis « l'Enveloppe » vient ceindre le premier château de pierre. On parlera d'« Enveloppe de Le Vau » ou « Enveloppe de 1668 ». Ce qui n'a pas l'air de plaire à tout le monde, surtout si on écoute notre cher Saint-Simon : « Le beau et le vilain, le vaste et l'étranglé furent cousus ensemble. »

Radical ! Un second bâtiment est ajouté. Sa terrasse est bâtie dans le plus pur style italien en vogue à l'époque, et les Grands Appartements du Roi et de la Reine y sont installés. C'est aussi le début de la construction de l'escalier de l'Ambassadeur. Ces chantiers seront terminés, après le décès de Le Vau, par François d'Orbay (1634-

1697) et Charles Le Brun. Ce serait une inspiration directe du Quirinal à Rome.

« On peut dire que lorsque ce grand Roi descend par cet escalier au milieu et suivi de tous les princes et princesses, cela fait un spectacle si grand et si superbe que l'on croirait que tous peuples se rendent en foule dans ce lieu pour honorer son passage et voir la plus belle cour du monde de la manière que ces sujets sont si artistement mêlés ensemble le naturel avec ce qui est feint. Le tout est revêtu de marbre et les balustres de bronze ciselé et doré au feu et on peut regarder ce lieu comme un des plus magnifiques qui se puisse voir dans l'Europe »[1].

Et si d'aventure vous vous rendez en Bavière, au château de Herrenchiemsee, peut-être aurez-vous l'impression de voir double ! Louis II de Bavière, fan de Louis XIV, le fit reproduire à l'identique !

1. Nivelon.

Jules Hardouin-Mansart, un sacré architecte

Si l'on retient le nom de Le Vau ou de Charles Le Brun, l'architecte « star » de Versailles reste sans aucun doute Jules Hardouin-Mansart. Né en 1646, il sera imprégné dès sa tendre enfance par l'architecture, notamment grâce à son oncle, François Mansart, architecte sous Louis XIII. Déjà connu de Louis XIV pour avoir réalisé d'autres résidences royales, c'est à Versailles que Jules Hardouin-Mansart laisse son empreinte. Saint-Simon se jouait de l'influence qu'avait l'habile Hardouin-Mansart sur le roi, très proche de madame de Montespan et de Louvois :

« L'adresse de Mansart était d'engager le roi par des riens en apparence, en des entreprises fortes ou longues, et de lui montrer des plans imparfaits, surtout pour ses jardins, qui, tous seuls, lui missent le doigt sur la lettre.

« Alors Mansart s'écriait qu'il n'aurait jamais trouvé ce que le roi proposait : il éclatait en admiration, protestait qu'auprès de lui il n'était qu'un écolier, et il le faisait tomber de la sorte où il voulait, sans que le roi s'en doutât le moins du monde. »

Reste qu'Hardouin-Mansart n'en sera pas moins

l'architecte de quelques-uns des chefs-d'œuvre qu'on peut encore apprécier aujourd'hui. À son crédit la galerie des Glaces, les ailes du Nord et du Midi, les Grande et Petite Écuries, l'Orangerie, le Grand Commun, la Chapelle royale, les bosquets des Dômes et de la Colonnade, le Grand Trianon, etc. À Paris, on lui doit la place Vendôme, ou encore le Dôme des Invalides, et, à Lyon, la façade de l'hôtel de ville. Rien que ça. Mais, me direz-vous, le mot mansarde vient-il de son nom ? La bataille fait rage !

Eh bien, tranchons. Oui ET non. Oui, car cela remonte bien à un certain Mansart, mais l'oncle d'Hardouin-Mansart. Les mansardes datent du XVIe siècle, quand Pierre Lescot, l'un des architectes du Louvre, commença à créer dans ses plans d'habitations parisiennes des logements sous les combles.

Mansart, l'oncle d'Hardouin-Mansart, s'en servit lui aussi quelques années plus tard. Et c'est son nom qui resta ! Pas mal pour un jeune neveu de se faire remarquer de la sorte… Ce que ne manqua pas de relever une nouvelle fois Saint-Simon : « […] [il] était neveu du fameux architecte Mansart mais d'une autre famille : il s'appelait Hardouin, et, pour s'illustrer dans son métier où il n'était pas habile [sic], il prit le nom de son oncle, et fut meilleur et plus habile et heureux courtisan que le vieux Mansart n'avait été architecte ! »

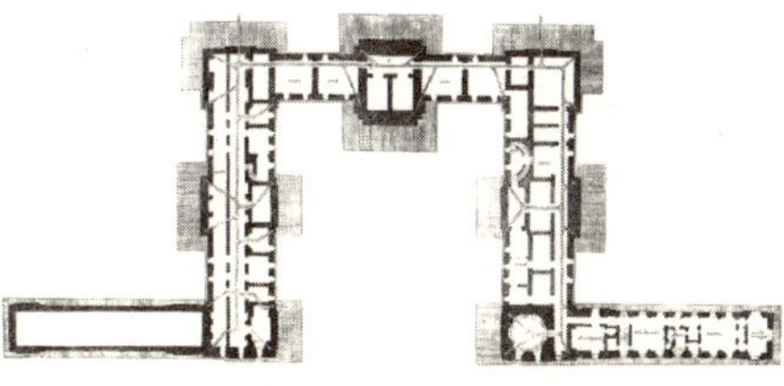

La minute de poésie versaillaise

Versailles inspire… Voici quelques poèmes tout à la gloire des lieux. Commençons par André Chénier, qui, dans ses *Élégies*, loue les mérites de cet endroit aux vertus revigorantes. Son poème s'intitule sobrement… *Versailles.* Cette ode est celle d'un habitant de Versailles. En effet, Chénier y vécut en 1793.

VERSAILLES

Ô Versaille, ô bois,
ô portiques,
Marbres vivants, berceaux
antiques,
Par les dieux et les rois
Élysée embelli,
À ton aspect, dans ma
pensée,
Comme sur l'herbe aride
une fraîche rosée,
Coule un peu de calme
et d'oubli.

Paris me semble
un autre empire,
Dès que chez toi
je vois sourire
Mes pénates secrets
couronnés
de rameaux,
D'où souvent les monts
et les plaines
Vont dirigeant mes pas aux
campagnes prochaines,
Sous de triples cintres
d'ormeaux.

Les chars, les royales
merveilles,
Des gardes les nocturnes
veilles,
Tout a fui ;
des grandeurs
tu n'es plus le séjour.
Mais le sommeil,
la solitude,
Dieux jadis inconnus,
et les arts, et l'étude,

Composent aujourd'hui
ta cour.

Ah ! malheureux !
à ma jeunesse
Une oisive et morne paresse
Ne laisse plus goûter
les studieux loisirs.
Mon âme, d'ennui
consumée,
S'endort dans les langueurs ;
louange et renommée
N'inquiètent plus mes désirs.

L'abandon, l'obscurité,
l'ombre,
Une paix taciturne
et sombre,
Voilà tous mes souhaits.
Cache mes tristes jours,
Et nourris, s'il faut
que je vive,
De mon pâle flambeau
la clarté fugitive,
Aux douces chimères
d'amours.

L'âme n'est point encor flétrie,
La vie encor n'est point tarie,
Quand un regard
nous trouble
et le cœur et la voix.
Qui cherche les pas
d'une belle,
Qui peut ou s'égayer
ou gémir
auprès d'elle,
De ses jours peut porter le
poids.

J'aime ; je vis. Heureux
rivage !
Tu conserves sa noble image,
Son nom, qu'à tes forêts j'ose
apprendre le soir,
Quand, l'âme doucement
émue,
J'y reviens méditer l'instant
où je l'ai vue,
Et l'instant où je dois
la voir.
Pour elle seule encore
abonde
Cette source, jadis féconde,
Qui coulait de ma bouche en
sons harmonieux.
Sur mes lèvres, tes bosquets
sombres
Forment pour elle encor ces
poétiques nombres,
Langage d'amour
et des dieux.

Ah ! témoin des succès
du crime,
Si l'homme juste
et magnanime
Pouvait ouvrir son cœur
à la félicité,
Versailles, tes routes fleuries,
Ton silence, fertile
en belles rêveries,
N'auraient que joie
et volupté.

Mais souvent tes vallons
tranquilles,
Tes sommets verts,
tes frais asiles,
Tout à coup à mes yeux
s'enveloppent de deuil.
J'y vois errer l'ombre livide
D'un peuple d'innocents,
qu'un tribunal perfide
Précipite dans le cercueil.

Un autre poème, toujours intitulé Versailles, d'Albert Samain (1858-1900), symboliste, ancien membre des Hydropathes (dur à Versailles !), s'inscrit dans la veine élégiaque de Baudelaire.

I

Ô Versailles, par cette
après-midi fanée,
Pourquoi ton souvenir
m'obsède-t-il ainsi ?
Les ardeurs de l'été
s'éloignent, et voici
Que s'incline vers nous la
saison surannée.

Je veux revoir au long
d'une calme journée
Tes eaux glauques
que jonche
un feuillage roussi,
Et respirer encore,
un soir d'or adouci,
Ta beauté plus touchante au
déclin de l'année.

Voici tes ifs en cône
et tes tritons joufflus,
Tes jardins composés
où Louis ne vient plus,
Et ta pompe arborant les
plumes et les casques.

Comme un grand lys
tu meurs,
noble et triste, sans bruit ;
Et ton onde épuisée au bord
moisi des vasques
S'écoule, douce ainsi qu'un
sanglot dans la nuit.

II

Grand air. Urbanité
des façons anciennes.
Haut cérémonial.
Révérences sans fin.
Créqui, Fronsac, beaux noms
chatoyants de satin.
Mains ducales
dans les vieilles
valenciennes,

Mains royales sur les
épinettes. Antiennes
Des évêques devant
Monseigneur le Dauphin.
Gestes de menuet et cœurs
de biscuit fin ;
Et ces grâces que l'on disait
Autrichiennes…

Princesses de sang bleu,
dont l'âme d'apparat,

Des siècles, au plus pur
des castes macéra.
Grands seigneurs pailletés
d'esprit. Marquis de sèvres.

Tout un monde galant, vif,
brave, exquis et fou,
Avec sa fine épée
en verrouil, et surtout
Ce mépris de la mort,
comme
une fleur, aux lèvres !

III

Mes pas ont suscité les
prestiges enfuis.
Ô psyché de vieux saxe
où le Passé se mire…
C'est ici que la reine,
en écoutant Zémire,
Rêveuse, s'éventait dans la
tiédeur des nuits.

Ô visions : paniers, poudre
et mouches ; et puis,
Léger comme un parfum,
joli comme un sourire,
C'est cet air vieille France ici
que tout respire ;
Et toujours cette odeur
pénétrante des buis…

Mais ce qui prend mon cœur
d'une étreinte infinie,
Aux rayons d'un long soir
durant son agonie,
C'est ce Grand Trianon
solitaire et royal,

Et son perron désert où
l'automne, si douce,
Laisse pendre, en rêvant,
sa chevelure rousse
Sur l'eau divinement triste
du grand canal.

IV

Le bosquet de Vertumne est
délaissé des Grâces.
Cette ombre, qui, de marbre
en marbre gémissant,
Se traîne et se retient d'un
beau bras languissant,
Hélas, c'est le Génie
en deuil
des vieilles races.

Ô Palais, horizon suprême
des terrasses,
Un peu de vos beautés coule
dans notre sang ;
Et c'est ce qui vous donne
un indicible accent,
Quand un couchant sublime
illumine vos glaces !

Gloires dont tant de jours
vous fûtes le décor,
Âmes étincelant sous les
lustres. Soirs d'or.
Versailles… Mais déjà
s'amasse la nuit sombre.

Et mon cœur tout à coup se serre, car j'entends,
Comme un bélier sinistre aux murailles du temps,
Toujours, le grand bruit sourd de ces flots noirs dans l'ombre.

Marie-Antoinette et sa laiterie

Louis XVI, époux de Marie-Antoinette, offrit une laiterie à son épouse, en 1787, au cœur du domaine de Rambouillet. La manufacture de Sèvres dessina des jattes grâce au concours de Jean-Jacques Lagrenée pour y boire le lait à loisir. Il est toutefois souvent dit que ces fameuses jattes furent moulées à même les seins de Marie-Antoinette. Si vous avez l'occasion de visiter le

Musée de la céramique à Sèvres, peut-être aurez-vous la chance d'apercevoir les reproductions de la maison Bernardaud des « jattes-téton » ou « bols-sein » en porcelaine dure, de 20 centimètres de hauteur et 13,5 centimètres de diamètre. Cette technique rendait quasiment à l'identique la surface reproduite.

On dit aussi que Marie-Antoinette et ses amis n'y buvaient pas que du lait… Et que ces jattes-téton étaient plus souvent remplies de champagne ! De là naquit l'histoire des coupes à champagne évasées. Reste qu'on peut encore aujourd'hui apprécier la « Laiterie de Propreté » dans le hameau de la Reine du Petit Trianon. C'est là que Marie-Antoinette se faisait servir les produits de la ferme, comme le petit-lait qui avait bonne presse à l'époque. En consommer donnait de la force ! Et répondait surtout aux préceptes d'une vie saine réglée sur le modèle de dame Nature, d'où le côté « propreté » de l'endroit. Cette laiterie fut réalisée, comme l'ensemble du hameau, par Richard Mique (1728-1794). On peut y voir un décor en trompe-l'œil et des teintes claires, exprimant le caractère pur de ces activités liées à l'agriculture. La laiterie sera réorganisée au fil des années. On trouve au centre une grande table en marbre ornée sur les côtés d'un « L », pour Louis XVIII (1755-1824), qui lui-même fit effacer un « N » par trop napoléonien, le véritable commanditaire qui ordonna la construction de cette table. L'ensemble nécessite toutefois une restauration. Si vous êtes intéressé, contactez le château. Bon, il y en a quand même pour 580 000 euros !

Malbrough s'en va-t-en guerre

Malbrough s'en va-t-en
guerre,
Mironton, mironton,
mirontaine,
Malbrough s'en va-t-en
guerre,
Ne sais quand reviendra. (ter)

Il reviendra-z-à Pâques,
Mironton, mironton,
mirontaine,
Il reviendra-z-à Pâques,
Ou à la Trinité (ter)

La Trinité se passe,
Mironton, mironton,
mirontaine,
La Trinité se passe,
Malbrough ne revient pas.

Madame à sa tour monte,
Mironton, mironton,
mirontaine,
Madame à sa tour monte,
Si haut qu'elle peut monter.

Ell' voit venir son page,
Mironton, mironton,
mirontaine,
Ell' voit venir son page,
Tout de noir habillé.

Beau page, mon beau page,
Mironton, mironton,
mirontaine,
Beau page, mon beau page,
Quelles nouvell's apportez ?

Aux nouvell's que j'apporte,
Mironton, mironton,
mirontaine,
Aux nouvell's que j'apporte,
Vos beaux yeux vont pleurer.

Quittez vos habits roses,
Mironton, mironton,
mirontaine,
Quittez vos habits roses,
Et vos satins brochés.

Monsieur Malbrough est mort,
Mironton, mironton,
mirontaine,
Monsieur Malbrough
est mort,
Est mort et enterré.

J' l'ai vu porter en terre,
Mironton, mironton,
mirontaine,
J' l'ai vu porter en terre,
Par quatre-z-officiers.

L'un portait sa cuirasse,
Mironton, mironton,
mirontaine,
L'un portait sa cuirasse,
L'autre son bouclier.

L'un portait son grand sabre,
Mironton, mironton,
mirontaine,
L'un portait
son grand sabre
L'autre ne portait rien.

À l'entour de sa tombe,
Mironton, mironton,
mirontaine,
À l'entour de sa tombe,
Romarins l'on planta.

Sur la plus haute branche,
Mironton, mironton,
mirontaine,
Sur la plus haute branche
Un rossignol chantait.

On vit voler son âme,
Mironton, mironton,
mirontaine,
On vit voler son âme
Au travers des lauriers.

La cérémonie faite,
Mironton, mironton,
mirontaine,
La cérémonie faite,
Chacun s'en fut coucher.

Les uns avec leurs femmes
Mironton, mironton,
mirontaine,
Les uns avec
leurs femmes,
Et les autres tout seuls !

J'n'en dis pas davantage,
Mironton, mironton,
mirontaine,
J'n'en dis pas davantage,
Car en voilà-z-assez.

Non, non, non, je ne vous incite pas à un quelconque karaoké. Voici simplement une chanson rendue célèbre grâce à Marie-Antoinette. Elle interprétait cette chanson au clavecin. La nourrice de ses enfants, Geneviève Poitrine, sifflotait cet air lorsqu'elle accompagnait les petits, plus précisément du côté de la tour de la Pêcherie, dans le hameau de la Reine. Quel meilleur endroit en effet pour illustrer l'histoire vraie de cette pauvre Lady Malbrough (on trouve aussi Marlborough), qui attendait en vain le retour de son défunt époux, John Churchill. La tour gardera dès lors le surnom de « tour Malbrough ».

Disneyland à Versailles

Les fidèles du site Internet louvrepourtous.fr ont eu l'heureuse (?) surprise de découvrir une information pour le moins insolite à propos de Versailles. Il suffit pour ce faire de laisser son œil curieux se promener sur le site Internet Google Maps et de parcourir la région de Versailles. Plus précisément le château et son domaine. Là, quel ne fut pas l'étonnement des visiteurs numériques de découvrir sous leur souris la présence d'un… squelette dans les travées du jardin du château de Versailles !

Horreur ! Que se passe-t-il ? On nous cache tout, on

ne nous dit rien ! Les extraterrestres sont-ils arrivés sur la Terre sans rien nous dire ? Non, pas de panique, on apprend en s'informant un peu plus que cette photo prise du ciel remonte à 2007, date à laquelle une exposition d'art contemporain avait lieu dans les jardins de Versailles. L'œuvre concernée est *Calamita cosmica,* soit l'aimant cosmique de l'artiste italien Gino de Dominicis.

C'était donc ça ! Rien que ça ! Ouf ! Par contre, saviez-vous que Mickey avait élu vraiment domicile dans les jardins de Versailles ? Là, cette fois, c'est une vidéo sur le site Internet YouTube qui permet de déceler dans les jardins de Le Nôtre la tête de la chère petite souris… Pour vous en donner un aperçu, rendez-vous sur le site

http ://www.youtube.com/watch ?v=7QhD4aB I Zno&f eature=p layer_embedded.

Vous n'en croirez pas vos yeux ! Mickey n'est pas qu'à l'est ; il aime aussi l'ouest parisien !

La promenade de Versailles de Madeleine de Scudéry

Nombreux sont les textes qui vantent la magnificence de Versailles. Mademoiselle de Scudéry (1607-1701), femme de lettres, fait visiter le jardin de Versailles à une amie, en compagnie d'autres connaissances. Elle avait ses entrées à la cour et recevait le beau monde dans son salon sis dans le quartier du Marais à Paris. Voici un extrait de sa balade. Partons en sa compagnie.

« [...] nous fûmes dans le jardin de fleurs à balustrade dorée, bordé de cyprès et d'arbustes différents, et rempli de mille espèces de fleurs ; la face d'en bas est fermée par une balustrade à hauteur d'appui, d'où la vue est fort champêtre. Ce jardin, aussi bien que tous les autres, a ses terrasses bordées de vases de cuivre peints en porcelaine. Au-dessous de cette terrasse à balustrade est le jardin des orangers, dont la belle Étrangère fut extrêmement surprise ; car elle ne comprenait pas qu'on pût mettre de si grands arbres dans des caisses. Telamon, qui a extrêmement voyagé, avoua n'en avoir jamais vu de si beaux, et ne loua pas moins les myrthes, dont l'ancienneté les rend admirables.

"— Si ce n'était, dit-il en adressant la parole à Glicère,

que vous me trouveriez encore trop savant, je dirais que ces myrthes semblent être du temps de Vénus et d'Adonis, et avoir reçu de la mère des Amours cette jeunesse immortelle qui les a fait vieillir sans perdre leur beauté.

— Comme j'ai plus entendu parler de Vénus et d'Adonis, que de Pline et de Polybe, reprit Glicère en souriant, ce que vous venez de dire n'est pas trop savant pour moi ; et si je voulais le reprendre, je dirais seulement que cela est un peu bien fleuri.

— À ce que je vois, me dit la belle Étrangère, votre Prince se plaît à faire que l'Art ou surmonte ou embellisse la nature partout.

— Afin de vous confirmer dans ce sentiment, lui dis-je, je n'ai qu'à vous dire que ce n'est pas une affaire pour lui de changer des étangs de place, et qu'un de ces jours, il en changera deux, ou trois, et il y en aura un vis-à-vis d'ici, pour orner ce petit coin de paysage.

— On dirait à vous entendre parler, dit Glicère, que le roi change aussi facilement des étangs de place, qu'on change les pièces du jeu des échecs.

— Plus aisément encore, repris-je en riant, et cette grande orangerie qui est sous la terrasse où nous sommes, sera encore plus longue de la moitié qu'elle n'est, quoiqu'elle soit déjà très belle."

« Nous fûmes alors voir tous ces beaux orangers de plus près, que la belle Étrangère admira encore davantage. On lui fit voir ensuite ces grands jardins pour les fruits, où les espaliers de hauteurs différentes disposés en allées, et exposés judicieusement au soleil, on a trouvé l'art d'avoir des fruits qu'on croirait que le soleil de Provence aurait fait mûrir. Nous fûmes au sortir du jardin des orangers voir en passant le labyrinthe, et entre des bois verts entrecoupés d'allées et de fontaines, gagner le haut de ce superbe jardin, qu'on appelle le fer à cheval à cause de sa figure, et dont la magnificence toute royale montre assez qu'il ne peut être à un particulier, quelque grand qu'il fût. La terrasse qui règne au-dessus est un endroit admirable pour la vue, rien de trop loin, rien de trop près ; elle est bordée d'arbustes sauvages toujours verts. Et ce grand jardin en amphithéâtre avec trois perrons magnifiques, et trois rondeaux situés en triangle, a quelque chose de surprenant qu'on ne peut décrire. Tout y rit, tout y plaît, tout y porte la joie, et marque la grandeur du Maître [...]. »

Un buffet très apprécié

Le fils de Louis XV, le Dauphin Louis de France, épousa Marie-Josèphe de Saxe (1731-1767), fille du roi de Pologne. Elle enfantera les trois derniers rois de France de la branche des Bourbons : Louis XVI, Louis XVIII et Charles X.

Le jour de leur mariage à Versailles, une grande cérémonie fut organisée. Pour l'occasion, le roi et la reine furent très généreux et peu regardants concernant le nombre d'invitations. Toutes les personnes ou presque qui voulaient s'inviter à la noce pouvaient le faire ! Du moins au bal costumé... Le grand succès fut toutefois pour le grand buffet offert par le roi pour son fils. Les deux grandes tables dressées croulaient sous les victuailles, la vaisselle raffinée et autres carafes de cristal. Ce fut un franc succès. À tel point que la panique gagna les rangs. On chercha à atteindre coûte que coûte les buffets établis, quitte même à y perdre un bras ou un morceau de son accoutrement ! L'assemblée vitupérait. On se serait cru à un vernissage d'exposition parisienne !

Les regards de l'assemblée restèrent toutefois bloqués sur une seule et même personne : un gaillard masqué à domino jaune n'arrêtait pas d'aller et venir auprès des tablées dressées et engouffrait littéralement des mets délicats, sans vraiment en faire… de cas ! Son seul objectif semblait être de manger le plus possible. Ce qui surprit les invités du mariage royal était la régularité avec laquelle l'homme revenait sans cesse à la charge, et sa façon d'engloutir les denrées fines et délicates.

Bientôt, cette vitalité à avaler rôtis et autres pâtés suscita non plus la curiosité mais bien l'indignation. On en informa le roi qui trouva cela plutôt amusant. Qui pouvait bien se cacher derrière ce masque ? Il demanda à faire suivre l'individu au domino jaune.

Bientôt, on découvrit la supercherie. Il s'agissait en fait des gardes-suisses du château, qui, interdits de buffet de par leur rôle dans la salle, chargés de la protection des convives et de la famille royale, avaient trouvé ce subterfuge du déguisement. Un peu trop voyant, hélas ! Dès lors, les courtisans présents au banquet s'amusèrent de cette anecdote. Et l'on reconnut alors le talent et la force de ces grands gaillards suisses !

Les enfants de Mars

Le château de Versailles était doté de deux écuries : la Petite Écurie, au sud, entre les avenues de Sceaux et de Paris, et la Grande Écurie, au nord, entre les avenues de Paris et de Saint-Cloud. Les plans furent établis par Jules Hardouin-Mansart, et l'ensemble, construit entre 1679 et 1682. Une prouesse qui valut aux artisans d'être d'ailleurs remerciés de façon sonnante et trébuchante pour avoir rendu le chantier en temps et en heures dans les délais impartis. Pourquoi cette distinction ? La Petite Écurie était dirigée par le premier écuyer ou « Monsieur le Premier », quand la Grande Écurie était menée par « Monsieur le Grand », le grand écuyer. Les deux écuries s'opposaient constamment. D'un côté, dans la Grande Écurie, les écuyers cochers, palefreniers et autres postillons, aux côtés de 2000 chevaux du temps de Louis XV. Mais aussi tous les musiciens de la cour, comme les joueurs de tambour, de cromorne et autres hautboïstes. Un manège dans cette Grande Écurie servait même de lieu de représentations théâtrales ou musicales. La Petite Écurie, par contre, était réservée aux différents carrosses du roi.

Le plus intéressant reste une nouvelle fois la symbolique des sculptures sur les frontons des deux écuries. Là, pas de jaloux ! Ce sont chaque fois des enfants, assis sur des trophées et des chevaux, rappel des sacrifices à Rome faits à Mars, dieu de la Guerre, aux temps romains. Les enfants étaient des guerriers en puissance dont il fallait assurer l'éducation pour qu'ils deviennent à leur tour d'excellents combattants et servent leur roi. Ces enfants de Mars au fronton des écuries royales n'avaient pas d'autre but que de glorifier un peu plus – et de façon subtile ! – la grandeur du roi.

Recette du chocolat comme à Versailles

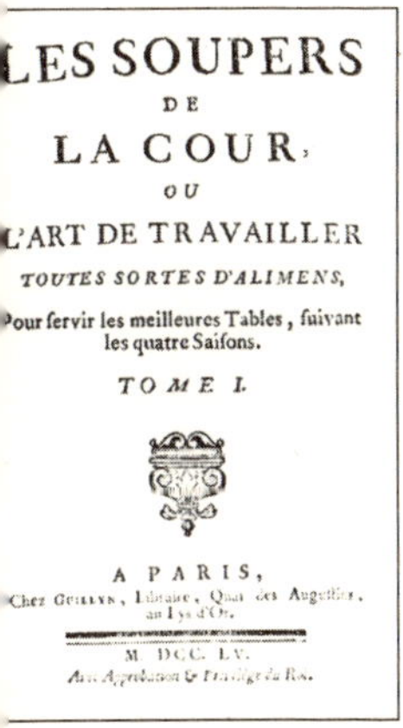
LES SOUPERS
DE
LA COUR,
OU
L'ART DE TRAVAILLER
TOUTES SORTES D'ALIMENS,
Pour servir les meilleures Tables, suivant les quatre Saisons.
TOME I.
A PARIS,
Chez GUILLYN, Libraire, Quai des Augustins, au Lys d'Or.
M. DCC. LV.
Avec Approbation & Privilége du Roi.

Dans *Les Soupers de la cour ou l'Art de travailler toutes sortes d'aliments pour servir les meilleures tables suivant les quatre saisons*, par Menon, en 1755, on apprend qu'à Versailles, on aimait à se délecter d'un bon chocolat, aussi bien le roi que les courtisans. Marie-Thérèse, la femme de Louis XIV, en aurait même abusé jusqu'à l'écœurement. Voici la recette pour reproduire à la maison la délicieuse boisson. Bon, le jaune d'œuf n'est peut-être pas nécessaire !

« Vous mettez autant de tablettes de chocolat que de tasses d'eau dans une cafetière et les faites bouillir à petit feu quelques bouillons ; lorsque vous êtes prêts à le servir, vous y mettez un jaune d'œuf pour quatre tasses et le remuez avec le bâton sur un petit feu sans bouillir.

« Si on le fait la veille pour le lendemain, il est meilleur ; ceux qui en prennent tous les jours laissent un levain pour celui qu'ils font le lendemain ; l'on peut à la place d'un jaune d'œuf y mettre le blanc fouetté après avoir ôté la première mousse ; vous le délayez dans un peu de chocolat de celui qui est dans la cafetière et le mettez dans la cafetière et finissez comme avec le jaune. »

Jeu de bagues chinois

Au cœur du Petit Trianon, à l'angle nord-ouest, on peut aujourd'hui fouler la pelouse d'un lieu qui abritait autrefois l'un des menus plaisirs de Marie-Antoinette. Sa construction fut réalisée en 1776-1777, notamment par Augustin Bocciardi. Ce jeu s'inspirait d'un autre du même type, celui du duc de Chartres à Monceau. La construction ressemblait à un manège, au-dessus duquel était disposée une ombrelle de six mètres de diamètre, tournant sur pivot.

Pourquoi « chinois » ? En raison des personnages… chinois qui soutenaient le mât, sculptés dans un bois de Hollande et des Vosges. Au sommet, des girouettes représentaient des dragons. Le jeu consistait à se déguiser (on dit que Marie-Antoinette, pour la première partie, était en limonadière), mais surtout, pour les filles, à se placer sur des paons (qu'on a pu prendre pour des autruches, mais on avait dissimulé les queues sous les robes de ces dames) couverts de draps écarlates et blancs, et les garçons, sur des dragons. À l'aide d'une lance d'environ 50 centimètres, il fallait décrocher des anneaux en laiton suspendus en hauteur, les fameuses « bagues ». L'ensemble était actionné à la main par deux serviteurs.

Ce jeu sera l'occasion, pour la reine et ses invités triés sur le volet, de fêtes féeriques, reproduites dans les œuvres de Claude-Louis Châtelet (1753-1795), visibles entre autres au musée du Louvre à Paris.

Fonds de tiroir

Tel est le titre d'un recueil de citations de Pierre Desproges. L'une d'entre elles, critiquant Talleyrand, vaut pour bon nombre de courtisans alors à Versailles ! « Talleyrand, qui savait nager sur le dos et ramper sur le ventre comme personne, qui trahissait à Versailles comme on pète à Passy, c'est-à-dire sans bruit, a vécu tellement courbé qu'on a pu l'enterrer dans un carton à chapeau. »

Le bain
de Marie-Antoinette

La cérémonie du bain de Marie-Antoinette était l'occasion d'entourer la baignoire de la reine de multiples fleurs, qu'elle adorait. On apprend grâce à Élisabeth de Feydeau qu'elle se baignait habillée d'une chemise de flanelle anglaise (parce que les baignoires étaient froides !), boutonnée jusqu'au col, avec, aux bras et au cou, des linges.

Parfois, la reine prenait même son repas dans son bain, avec son plateau sur le couvercle de la baignoire. Délicieusement décadent ! Une fois lavée, séchée par ses aimables serviteurs, qui ne pouvaient pas apercevoir la nudité royale derrière la grande serviette tendue, la reine passait une chemise ouverte en dentelles.

Sa mère, l'impératrice Marie-Thérèse, avait moult fois recommandé à sa fille de s'essuyer avec un drap passé à l'eau de son, aux vertus purifiantes. Couverte de son manteau de nuit, Marie-Antoinette se glissait dans son lit pour lire ou exercer tout autre loisir, entre des draps préalablement réchauffés. Avec un plancher incliné pour faciliter l'écoulement des eaux, sa salle de bains était simple en comparaison des salons et de sa chambre voisine.

Le roi a fait battre tambour

Il est une chanson, chantée, entendue, écoutée, interprétée par Yves Montand, Marie Laforêt ou encore Anne Sylvestre, qui a fait couler beaucoup d'encre. On a voulu y voir le rapport de Louis XIV et de la marquise de Montespan.

Le roi a fait battre
tambour (bis)
Pour voir toutes ces dames,
Et la première qu'il a vue
Lui a ravi son âme.
— Marquis, dis-moi,
la connais-tu ? (bis)
Qui est cett' jolie dame ?
Le marquis lui a répondu :

— Sire roi,
c'est ma femme.
— Marquis,
tu es plus heureux
que moi (bis)
D'avoir femme si belle.
Si tu voulais me l'accorder,
Je me chargerais d'elle.

— Sir', si vous n'étiez
pas le roi, (bis)
J'en tirerais vengeance.
Mais puisque
vous êtes le roi,
À votre obéissance.

— Marquis, ne te fâche
donc pas, (bis)
T'auras ta récompense :
Je te ferai dans mes armées
Beau maréchal de France.

— Adieu, ma mie, adieu,
mon cœur, (bis)
Adieu, mon espérance !
Puisqu'il faut servir le roi,
Séparons-nous d'ensemble.

Le roi l'a prise
par la main, (bis)
L'a menée
dans sa chambre ;
La belle en montant
les degrés
A voulu se défendre.

— Marquise,
ne pleurez pas
tant ! (bis)
Je vous ferai princesse ;
De tout mon or
et mon argent,
Vous serez la maîtresse.

— Gardez votre or !
Et votre argent (bis)
N'appartient qu'à la reine ;
J'aimerais mieux mon doux
marquis
Que toutes vos richesses !

La reine a fait faire un
bouquet (bis)
De belles fleurs de lys
Et la senteur
de ce bouquet,
A fait mourir marquise.

Le roi a fait faire
un tombeau (bis)
Tout en fers de Venise
Sur sa tombe mit un écrit
« Adieu belle marquise. »

Mais au-delà du fait d'être une chanson poignante, elle fait écho (c'est le cas de le dire) à une activité propre aux gardes de Versailles, qu'ils soient de la garde française ou suisse : *battre le tambour* (et non battre au tambour, qui n'exprime que le son, et pas l'activité honorifique associée), une activité codifiée, qui annonce l'arrivée et le départ des personnages plus ou moins importants de Versailles. Ce rituel était géré par Monsieur le Grand, le grand écuyer, de la Grande Écurie. Il était responsable des troupes de musiciens, du fifre au tambour, du cromorne aux troupes de marine.

Les parfums de Jean-Louis Fargeon

Jean-Louis Fargeon (1748-1806) est le parfumeur de Marie-Antoinette. Né à Montpellier, il étudie les senteurs et leurs associations pour bientôt parfaire son éducation à Paris, où déjà son père officiait, hélas ruiné à cause notamment d'impayés, du roi lui-même. Une vraie histoire de famille, en effet ! On trouve trace à Montpellier d'un certain Jean Fargeon, oncle du père de Jean-Louis Fargeon, maître apothicaire en 1653 à Montpellier, qui est aussi « Apothicaire et parfumeur ordinaire de S. A. R. mademoiselle d'Orléans » dans sa boutique appelée *Le Vase d'Or vis-à-vis du Cheval Blanc.*

Rêvant de servir la reine, il établit sa boutique rue du Roule. La Du Barry s'y fournit, mais ses alambics sont situés à Suresnes. Au XVIIIe siècle, les odeurs animales sont délaissées au profit de senteurs plus florales. Fargeon est ensuite présenté à la reine par la princesse de Guéméné, une autre de ses clientes.

La reine est séduite par ce parfumeur qui lui offre une paire de gants parfumés (les gants en cuir étaient souvent parfumés pour effacer la trace des odeurs animales). C'est alors le temps des parfums plus légers, empreints de rose, d'œillet, de jasmin, d'iris, de lis. Il parviendra même à donner au Petit Trianon une odeur mélangeant fleur d'oranger, lavande, bergamote et cédrat. Il sera arrêté à la Révolution, du fait de ses accointances avec la reine, mais relâché, car il était proche des idées révolutionnaires.

Il publie un *Art du parfumeur* en 1801, où l'on trouve ce « secret pour enlever les rides, révélé par un Persan à une Grecque de soixante-douze ans, qui n'en parut plus avoir que vingt-cinq » ! Voici enfin ce secret bien gardé révélé : « Faites rougir une pelle ; jetez dessus de la poudre de myrrhe ; recevez-en la fumée sur votre visage en vous couvrant la tête d'une serviette, pour rassembler la fumée et l'empêcher de se dissiper. Vous en recevrez ainsi la vapeur sur votre visage, et vous réitérerez de même trois fois, continuant ce procédé matin et soir, aussi longtemps que vous le désirerez. Celui qui a communiqué ce secret en promet des merveilles. »

Grâce aux recherches d'Élisabeth de Feydeau (et plus simplement), un parfum, « Sillage de la Reine », a été recréé à partir des notes de Jean-Louis Fargeon par Francis Kurkdjian, nez et grand parfumeur de ce début du XXIe siècle.

Rester jeune à Versailles (et ailleurs)

On trouve dans *L'Art du parfumeur* de Jean-Louis Fargeon, le parfumeur de Marie-Antoinette, dont l'oncle et le père fournissaient déjà la cour en élixirs et pommades diverses et variés, des trésors dont on ne se lasse pas. En voici quelques-uns. Imaginons un instant les appliquer de nos jours…

EAU COSMÉTIQUE DE PIGEONS

- Prenez deux pigeons vidés et coupés par morceaux.
- Une livre de pain blanc.
- Quatre onces de noyaux de pêche.
- Des quatre semences froides mondées, de chacune quatre onces.
- Douze blancs d'œufs.
- Le jus de quatre limons.
- Mettez ces matières à macérer pendant douze heures dans quatre livres de lait de chèvre frais tiré ; après cela en faire la distillation au bain-marie, et ajouter dans l'eau distillée :
- Trois onces de camphre.
- Trois onces de borax.
- Trois onces de sucre candi.
- Trois onces d'alun brûlé.
- Ensuite, il faut les exposer au soleil pendant trois

jours, les mettre après dans la cave pendant environ quinze jours, après lequel temps, vous filtrerez l'eau.

EAU POUR NOURRIR ET CONSERVER LA DÉLICATESSE DU TEINT

- Prenez quatre pieds de veau, désossez-les, mettez-les tremper pendant neuf jours dans de l'eau que vous renouvellerez deux fois par jour. Ensuite mettez-les dans un alambic de verre, puis ajoutez :
- Les blancs de deux douzaines d'œufs, avec les coquilles.
- Une livre de rouelle de veau lavée et dégraissée, coupée par morceaux.
- Un poulet écorché tout vif, duquel vous ôterez la tête, les entrailles, les pieds ; vous le couperez aussi par morceaux.
- Un citron coupé par tranches.
- Demi-once de graines de pavot blanc concassées.
- La mie d'un pain d'une livre, émietté.
- Quatre petits chiens, nés depuis un ou deux jours.
- Et trois chopines de lait de chèvre.
- Faites la distillation au bain-marie : cette distillation sera longue, mais il ne faut pas discontinuer, et tirer tout jusqu'au sec, c'est-à-dire jusqu'à ce qu'il ne vienne plus rien.

L'idéal pour rester jeune comme à Versailles !

Liste des maîtresses (et amants !) de Marie-Antoinette

On connaissait le goût de la femme de Louis XVI pour le théâtre (un « vice » découvert grâce à ses cours d'apprentissage du français). On connaissait un peu moins sa propension à batifoler dans les bras des deux sexes. À moins que ce ne soient que purs fantasmes… Peut-être !

Le récent film de Benoît Jacquot, *Les Adieux à la reine*, avec Léa Seydoux et Diane Kruger, revient sur ces relations saphiques de l'Autrichienne avec l'une de ses lectrices, Sidonie Laborde. Hector Fleischmann, lui, dans son *Histoire licencieuse : Les maîtresses de Marie-Antoinette*[1], repris dans l'ouvrage d'Alain Baraton, dresse une liste non exhaustive des amants et amantes de la reine. La voici :

La duchesse de Pecquigny
La duchesse de Saint-Maigrin
La duchesse de Cossé
Le comte d'Artois
La marquise de Mailly
Le comte de Dillon
La princesse de Guéméné
Le duc de Coigny
Madame de Lamballe
De Polastron
Un garde du corps
Manou Loustonneau
Un commis au secrétariat de la Guerre
Madame de Polignac

1. Les Éditions des bibliophiles, 1910.

Madame de La Motte-Valois
Le prince Louis de Rohan
Madame de Guiche
Le comte de Vaudreuil
La petite Laborde, sœur
du directeur de l'Opéra ;
et pour qui elle créa
la charge
de dame de lit de la reine.
Bezenval
Bazin
Vermont
Toutes les tribades de Paris,
parmi lesquelles les plus
remarquables sont Souck et
Racoux, fouettées, marquées
et bannies de Hambourg,
pour vols et escroqueries.
La demoiselle Michelot
Mesdemoiselles Guimard,
Dumoulin et Viriville
Monsieur Campan,
fils d'un valet de pied de la
maison de Ventadour
Casini
Neukerques
Guibert,
fille d'un comédien
Madame de Marsan
Dugazon

Chronologie

1607 Premières chasses du futur Louis XIII à Versailles.
1610 Avènement de Louis XIII.
1623 Construction de la Maison de chasse de Versailles par Nicolas Huau.
1624 Louis XIII dort pour la première fois dans la Maison de chasse de Versailles (9 mars).
1631 Construction du château de Versailles par Philibert Leroy (16311634).
1632 Acquisition de la seigneurie de Versailles par Louis XIII pour 66000 livres.
1638 Naissance de Louis XIV ; un « bosquet du Dauphin » est réalisé par Louis XIII pour l'occasion.
1642 Mort de Richelieu.
1643 Mort de Louis XIII.
1660 Mariage de Louis XIV et Marie-Thérèse.
1661 Mort de Mazarin. Début de la première campagne de travaux de Louis XIV à Versailles. Un million et demi de livres dépensées pour rénover le décor des appartements.
1662-1663 Construction de la Ménagerie.
1663 Construction de la première Orangerie par Le Vau. Présentation officielle de mademoiselle de La Vallière à la cour.
1664 Colbert est nommé surintendant des Bâtiments. Fête des « Plaisirs de l'Île enchantée » avec pièces de Molière et participations de Lully.
1665 Création de la manufacture des Glaces de miroirs. Colbert en colère écrit au roi à propos de ses dépenses somptuaires.
1666 Fondation de l'Académie

royale des sciences. Premières Grandes Eaux.

1667 Début du percement du Grand Canal. Premier élargissement de l'allée centrale par Le Nôtre.

1668 Acquisition du village de Trianon en janvier. Début de la seconde campagne de travaux de Louis XIV à Versailles. Mise en chantier de l'Enveloppe en octobre. Construction de la grotte de Thétis (1668-1672). Construction du bassin de Latone (1668-1670). Construction du bassin d'Apollon (1668-1671). Construction de la fontaine de la Pyramide (1668-1670). Madame de Montespan devient maîtresse royale en titre.
Fête à Versailles : « le Grand Divertissement royal ».

1669 Concours pour la construction d'un château neuf (juin). Retour à la solution de l'Enveloppe (octobre). Mort d'Henriette d'Angleterre (femme de Monsieur, le frère du roi).

1670 Mort de Le Vau. Construction du Trianon de porcelaine. Mise en place des fontaines de l'Allée d'eau (Marmousets).

1671 Achèvement du gros œuvre de l'Enveloppe. Décoration de l'escalier des Ambassadeurs (1671-1680). Bassin d'Apollon.
Prolongement du Grand Canal et création de son croisillon.

1672 Bassins des Saisons. Décoration de la salle des Hoquetons. Commencement de l'appartement des Bains, au rez-de-chaussée.

1674 Nouvel élargissement de l'allée centrale par Le Nôtre.
Création de la Petite Venise. Fête à Versailles pour la reconquête de la Franche-Comté. Mademoiselle de La Vallière entre au couvent. Françoise d'Aubigné reçoit le château et le nom de Maintenon.

1675 Bosquet de la renommée par Le Nôtre.
L'Hiver, sculpture de Girardon (1675-1686).

1676 Bassin de Neptune.

1677 Construction des Dômes au bosquet de la Renommée qui devient bosquet des Dômes.

Sculpture de *L'Enlèvement de Proserpine* au bosquet de la Colonnade par Girardon (1677-1699).

1678 Troisième campagne des travaux du Versailles de Louis XIV, conduite par Jules Hardouin-Mansart. Transformation de la cour de Marbre pour l'harmoniser avec la Grande Galerie. Construction des ailes des Ministres (1678-1679). Construction de l'aile du Midi (1678-1682). Décoration de la galerie des Glaces, des salons de la Guerre et de la Paix (1678-1680). Pièce d'eau des Suisses (1678-1682).

1679 Décoration de l'escalier de la Reine (1679-1681). Construction des Grande et Petite Écuries. Élaboration du potager du Roi par La Quintinie.

1680 Création du Tapis vert et bosquet de la salle de Bal par Le Nôtre. Création par La Quintinie du potager du Roi.

1681 Construction de la machine de Marly sur la Seine, du Grand Commun (1681-1684). Achèvement de la décoration des Grands Appartements. Construction d'une chapelle entre le château et la grotte de Thétis.

1682 La cour et le gouvernement s'installent à Versailles. Construction de l'aile des Princes (aile du Midi). Bénédiction de la quatrième chapelle (à l'emplacement de l'actuel salon d'Hercule). Naissance de Louis de France, premier petit-fils de Louis XIV.

1683 Mort de la reine Marie-Thérèse. Mariage secret de Louis XIV avec madame de Maintenon. Mort de Colbert. Construction du salon de l'Abondance.

1684 Achèvement de la galerie des Glaces. Création de la Petite Galerie (emplacement actuel de la bibliothèque de Louis XVI). Disgrâce de Charles Le Brun. Construction de l'Orangerie par Mansart. Construction de la Colonnade par Mansart. Destruction de la grotte de Thétis.

1685 Début de la construction de l'aile du Nord. Peinture de la Petite

Galerie par Mignard (1685-1686). Sculpture du Parterre d'eau (1685-1694).
Arrivée à Versailles de la statue équestre de Louis XIV par le Bernin. Le doge de Gênes vient à Versailles pour s'excuser.

1686 Mansart, premier architecte du roi.
Construction du Jeu de paume.
La machine de Marly conduit les eaux de la Seine à Versailles.
Opération de la fistule du roi.

1687 Début de la construction du Grand Trianon.
Mort de Lully.

1688 Achèvement du Grand Trianon.
Décoration du Grand Trianon (1688-1691).
Mise en bronze des fontaines de l'Allée d'eau (Marmousets).

1689 Chantier de l'aile Nord arrêté pour cause de guerre. Fonte du mobilier d'argent pour financer la guerre de la ligue d'Augsbourg.

1690 Mort de Le Brun.

1699 Mansart, surintendant des Bâtiments du roi.
Début de la quatrième campagne de travaux de Louis XIV à Versailles.
Construction de la Chapelle (1699-1710).
Mort de Racine.

1700 Mort de Le Nôtre.
Le duc d'Anjou roi d'Espagne.

1701 Nouvelle transformation de l'appartement intérieur, dit depuis chambre Louis XIV.

1702 Achèvement du gros œuvre de la Chapelle.

1708 Mort de Mansart.
Peinture de la voûte de la Chapelle (1708-1709).

1710 Consécration de la Chapelle ; le décor n'est pas achevé.

1711 Mort du Grand Dauphin.

1712 Mort du duc et de la duchesse de Bourgogne. Début de travaux dans ce qui sera le salon d'Hercule.

1714 Mort du duc de Berry.

1715 Mort de Louis XIV, exposé dans le salon de Mercure. Le jeune roi Louis XV quitte Versailles. Le gouverneur, en l'absence du roi, fait quand même jouer les Grandes Eaux tous les dimanches !

1717 Pierre le Grand, en visite à Versailles, dort dans les appartements du duc de Bourgogne.

1722 Retour du roi Louis XV à Versailles.

1723 Louis XV est majeur.
1725 Mariage de Louis XV et de Marie Leczinska.
1729 Naissance de Louis de France, le Dauphin. La cour de Marbre fête sa venue sur terre de façon grandiose.
1733 Voûte (fatale !) du salon d'Hercule par Le Moyne (1733-1736).
1735 Jacques V Gabriel, premier architecte. Début des transformations dans la partie droite de l'Appartement intérieur.
1736 Ouverture du salon d'Hercule et son bleu unique. Le Moyne premier peintre.
1738 Décoration de la chambre de Louis XV, installée dans l'ancienne salle de billard. Sculpture du bassin de Neptune.
1739 Livraison par l'ébéniste Antoine Gaudreaux de deux meubles reconnus : la commode de la chambre de Louis XV et le médaillier du Cabinet intérieur.
1742 Mort de Jacques V Gabriel. Ange-Jacques Gabriel, premier architecte.
1744 Louis XV rentre de Metz. La fin de sa maladie est célébrée par un arc de triomphe à l'entrée de Paris.
1745 La Pompadour présentée à Versailles par la princesse douairière de Conti.
1747 Mariage du Dauphin avec Marie-Josèphe de Saxe. Réfection de l'appartement du Dauphin.
1748 Décision de construire l'Opéra.
1749 Construction du Pavillon français à Trianon. Création de la Ménagerie de Trianon.
1751 Incendie dans la Grande Écurie.
1752 Destruction de l'escalier des Ambassadeurs et de la Petite Galerie.
1754 Naissance de Louis-Auguste de France, duc de Berry, futur Louis XVI.
1755 Décoration du cabinet du Conseil et suppression du cabinet des Perruques (tristesse…).
1757 Coup de couteau de Damiens contre Louis XV.
1759 Construction de l'Hôtel de la Guerre et de l'Hôtel des Affaires étrangères et de la Marine (1759-1761).
1760 Construction du Petit Trianon (1760-1764). Commande à Oeben du

fameux secrétaire du Roi.

1763-1770 Construction de l'Opéra royal par Gabriel.

1764 Mort de la marquise de Pompadour. Mort du Dauphin. Décoration du Petit Trianon (1764-1768).

1768 Mort de Marie Leczinska.

1769 Louis XV s'installe dans l'appartement de madame Adélaïde, qui elle-même part s'installer au rez-de-chaussée.

1770 Mariage du Dauphin Louis avec Marie-Antoinette. Inauguration de l'Opéra. L'Enveloppe de Le Vau inaugurée.

1771 Construction de l'aile Gabriel, toujours dans l'esprit de l'époque de Louis XIV. Ange-Jacques Gabriel désigné premier architecte.

1774 Mort de Louis XV. Décoration de la bibliothèque de Louis XVI. Richard Mique, premier architecte. Création du jardin anglais de Trianon (1774-1777). Le Petit Trianon revient à Marie-Antoinette.

1776 Bosquet des bains d'Apollon par Hubert Robert (1776-1778).

1777 Temple de l'Amour à Trianon par Mique.

1778 Mort de Jean-Jacques Rousseau et Voltaire. Benjamin Franklin à Versailles avec Silas Deane et Arthur Lee.

1779 Théâtre de la Reine à Trianon par Mique.

1783 Décoration du cabinet doré de la Reine. Construction du Hameau (1783-1785).

1788 Décoration du cabinet de la Garde-Robe de Louis XVI.

1789 Ouverture des États généraux (5mai). Serment du Jeu de paume (20 juin). Les Parisiens à Versailles et retour du roi à Paris (6 octobre).

1791 Arrestation de la famille royale à Varennes (22 juin).

1792 Abolition de la royauté (22 septembre).

1793 Exécution de Louis XVI (21 janvier). Vente du mobilier de Versailles (1793-1794). Exécution de Marie-Antoinette (16 octobre).

1797 Versailles devient le Musée spécial de l'École française.

1799 Coup d'État de Bonaparte.

1801 Ouverture du Musée de Versailles.

1804 Napoléon Bonaparte, Empereur des Français. Le château est pris par le général Duroc, pour Napoléon.

1808 Le Grand Canal est à nouveau rempli d'eau.

1814 Première abdication de Napoléon.
Louis XVIII, roi de France. Louis XVIII demande la remise en « état d'habitation » de tous les appartements du château. Des travaux à hauteur de six millions de francs sont engagés.

1815 Abdication de Louis XVIII (20 mars).
Napoléon Bonaparte, Empereur du 20 mars au 22 juin.
Louis XVIII, roi de France (16 septembre).

1821 Mort de Napoléon Bonaparte à Sainte-Hélène.

1824 Mort de Louis XVIII.
Charles X, roi de France.

1830 Abdication de Charles X.
Louis-Philippe Ier, roi des Français.

1833 Aménagement et décoration du Musée de l'histoire de France (1833-1837).

1834 Décoration de la galerie des Batailles.

1837 Inauguration du Musée de l'histoire de France.

1839 Décoration de la salle des Croisades.

1842 Décoration des salles d'Afrique.

1848 Chute de Louis-Philippe Ier.

1849 Le président de la IIe République, le prince Louis-Napoléon Bonaparte, visite Versailles.

1850 Mort de Louis-Philippe Ier.

1855 La reine Victoria d'Angleterre en visite en France assiste aux Grandes Eaux, et un dîner est organisé en son honneur.

1871 Proclamation de l'Empire allemand dans la galerie des Glaces.
Le gouvernement se replie sur Versailles.

1875 Construction de la salle pour les députés.

1879 Retour du gouvernement à Paris.

1888 Nomination de Pierre de Nolhac comme conservateur en titre du château, et ce, jusqu'en 1919.

1896 Réception de Nicolas II et de la tsarine

Alexandra par Félix Faure à Versailles.

1907 Création de la Société des Amis de Versailles.

1919 Traité de Versailles concluant la Première Guerre mondiale dans la Grande Galerie.

1925 Premières donations de la fondation Rockefeller (1925-1928).

1940 Les Allemands dans Versailles.

1953 Loi de sauvegarde de Versailles.
Tournage de *Si Versailles m'était conté,* de Sacha Guitry.

1957 Achèvement de la restauration de l'Opéra.

1961 John F. Kennedy à Versailles, invité par le général de Gaulle.

1962 Loi sur le remeublement de Versailles.

1965 Restauration et inauguration du Grand Trianon.

1975 Achèvement de la restauration de la chambre de la Reine.

1979 Versailles au Patrimoine mondial de l'UNESCO.

1980 Achèvement de la restauration de la chambre du Roi et de la galerie des Glaces.

1986 Achèvement de la restauration des appartements princiers.

(Chronologie adaptée de l'excellent site http://versaillesalacourduroisoleil.aceboard.fr)

Bibliographie sommaire sur Versailles

Aillagon, Jean-Jacques, *Versailles en 50 dates : Les secrets d'histoire du château*, Albin Michel, 2011.
Baraton, Alain, *Vice et Versailles*, Grasset, 2011.
Decaux, Alain, *C'était Versailles*, Perrin, coll. Tempus, 2007.
Feydeau (de), Élisabeth, *Les Parfums, histoire, anthologie, dictionnaire*, Robert Laffont, coll. Bouquins, 2011.
Jacquet, Nicolas, *Versailles secret et insolite*, Parigramme, 2011.
Levron, Jacques, *Les Inconnus de Versailles : Les coulisses de la cour*, Perrin, coll. Tempus, 2009.
Montgon (de), A., *Versailles*, Nathan, 1956.
Ritchey Newton, William, *Derrière la façade : Vivre au château de Versailles au XVIIIe siècle*, Perrin, 2008.
Solnon, Jean-François, *Histoire de Versailles*, Perrin, 2003.
Vinha (da), Mathieu, *Le Versailles de Louis XIV : Le fonctionnement d'une résidence royale au XVIIe siècle*, Perrin, 2009.
Vinha (da), Mathieu, *Les Valets de chambre de Louis XIV*, Perrin, 2004.
Vinha (da), Mathieu, et Raphaël Masson, *Versailles pour les nuls*, First, 2011.

Quelques sites Internet et articles

http://souvenirsdutemps.xooit.com/t1469-LOUIS-XIV-ET-LES-COURTISANS.htm

http://versaillesblog.blogspot.com/search/label/Les%20 courtisans
http://versaillesalacourduroisoleil.aceboard.fr
http://www.cairn.info/revue-hypotheses-1999-1-page-207.htm#no19http://www.pure-beaute.fr/2009/09/21/fargeon-ses-recettes-pour-embellir-le-teint/
http://www.louvrepourtous.fr/
http://www.madamedepompadour.com (source Lorenzo CRIVELLI, site Madame de POMPADOUR du Cercle généalogique PTT)
http://www.potager-du-roi.fr
http://www.youtube.com/watch?v=QhD4aBlZno&feature=player_embedded
www.jardinsduroisoleil.com
Leferme-Falguières, Frédérique, « Le fonctionnement de la cour de Versailles », *Hypothèses* 1, 1999, p. 207-218.
Soullard, Éric, « Les eaux de Versailles sous Louis XIV », *Hypothèses* 1, 1997, p. 105-112.

Achevé d'imprimer par N.I.I.A.G.
en juillet 2013
pour le compte de France Loisirs, Paris

N° d'éditeur : 73428
Dépôt légal : avril 2013
Imprimé en Italie

Composition et mise en pages réalisées
par Text'oh! - 39100 Dole